Klaus W. Schneider

Stell dir vor, es geht ...

Band 4282

Das Buch

Es gibt Menschen, die mit Schwierigkeiten spielend fertig werden. Ihr Erfolgsrezept: Positives Denken. Und das ist keine Naturbegabung, sondern für jeden erlernbar. Wie, das demonstriert der Mediziner und Forschungspreisträger Klaus W. Schneider anhand eindrucksvoller Beispiele in diesem Übungsbuch. Durch gezieltes Training gelingt es, negative Gedanken zu beseitigen und durch positive zu ersetzen: Angst wird zu Zuversicht, Resignation zu Selbstvertrauen, Probleme zu Chancen. Beim Aha-Effekt der treffenden Beispiele bleibt der Autor aber nicht stehen, sondern erläutert die mentalen Gesetzmäßigkeiten, die dem Ganzen zugrunde liegen. Dem emotionalen Verständnis folgt die rationale Erklärung und ihre konkrete Umsetzung und Anwendung im Alltag. Die Lektüre hat dadurch sicher nachhaltige Konsequenzen, sie kann Ihr Leben verändern. „Stell dir vor, es geht ..." ist der halbe Weg hin zu Glück, Erfolg und Gesundheit.

Der Autor

Klaus W. Schneider, geb. 1944, Dr. med., Hautarzt und Allergologe, 1963 Scheffelpreis, 1970 Byk-Gulden Forschungspreis, medizinpublizistische Tätigkeit mit über 100 Arbeiten aus den Gebieten der Medizin und Psychologie.

Klaus W. Schneider

Stell dir vor, es geht ...

Glück, Gesundheit und Erfolg
durch positives Denken

Ein praktischer Ratgeber

Herder
Freiburg · Basel · Wien

Alle Rechte vorbehalten – Printed in Germany
© Verlag Herder Freiburg im Breisgau 1988
Neuausgabe Verlag Herder 1994
Herstellung: Freiburger Graphische Betriebe 1994
Umschlaggestaltung: Joseph Pölzelbauer
Umschlagmotiv: Paul Cézanne, Große Kiefer und rote Erde, um 1895,
Ölfarben auf Leinwand, Staatliche Eremitage, Sankt Petersburg
ISBN 3-451-04282-7

Inhalt

Einführung 7
Tod im Kühlwagen 13
Das Brett von Coué 16
Das Glas Wein 18
Was erreicht man mit dem Willen? 21
Der Austausch von Zielbildern 23
Die Hierarchie der das Unterbewußte steuernden Kräfte 25
„Euch geschehe nach eurem Glauben" 27
Die Wirkung von Ermahnen und Warnen 29
„Ideen erschaffen Wirklichkeit" 31
Emotionen – in Körperorgane fehlgeleitet 34
Suggestion und Autosuggestion 38
Objektive Fakten und subjektive Gefühle 41
„Autonome" Körperfunktionen und Wille 44
Der „Werther-Effekt" 46
Die „Kraft, sich innerlich loszureißen" 52
Die Wand 55
Altern durch Autosuggestion 57
Wünschen und Wollen 59
Die Kritik-Falle 61
Gedanken und Krankheit 63
„Kränkung" 65
Der Anfang vom Ende 67
Psychogener Tod 70
Problem und Chance 73
Die richtige Einstellung zu Schicksalsschlägen 76
Über den „Frontalangriff auf Symptome" 80
Aufgaben, Probleme, Schicksalsschläge 82
Tödliche Zielbilder: Ein Beispiel 84

Äußeres und Inneres „Glück"	88
Gedanken-Modulation	92
Die „beste" Freundin	95
Körperliche Folgen der Angst	97
Der „Kettenbrief"	101
Vorurteil und Mißverständnis	106
Antizipierende Übungen	109
Kalif und Traumdeuter	113
Die Quelle der „Lebenskraft"	116
Das Bild des Menschen von sich selbst	119
Erst Kinderlähmung, dann Olympiasieger	122
Sich etwas „in den Kopf setzen"	125
Falsche Denkgewohnheiten als häufigste Todesursache	128
Vorstellung, Meditation, Imagination	131
Die Erfolgs-Formel $E = A \times IW$	134
Die zerstörerische Wirkung von Mitleid	137
Die 4 Arten des Denkens	141
Der Backster-Effekt	145
Realistischer und unrealistischer Optimismus	148
Glück (und Pech) – ein Zufall?	151
Angst als reale Kraft	153
Sorgen – eine ansteckende, aber heilbare Krankheit	155
Ermüdungsfreies Arbeiten durch richtiges Denken	158

Einführung

A. Zur Thematik dieses Buches

Seelisches *Glück,* körperliche *Gesundheit* und Lebens*erfolg* – das sind die großen Wünsche und Ziele jedes Menschen. Dieses Buch behandelt die Gesetzmäßigkeiten, die zu diesen Zielen führen bzw. sie vereiteln können.
Es wird an zahlreichen Beispielen erläutert, daß Glück, Gesundheit und Erfolg nicht von äußerlichen und unbeeinflußbaren Faktoren wie Schicksalsschlägen oder Zufällen abhängen, sondern allein vom **richtigen Denken.**
- Wer denkt bzw. glaubt, er sei glücklich, der *ist* glücklich – selbst wenn er unter den schlechtesten Bedingungen lebt und allen Grund zur Unzufriedenheit hätte.
Wer denkt bzw. glaubt, er sei unglücklich, der *ist* unglücklich – selbst wenn er bei objektiver Betrachtung alles hat, was man überhaupt nur zum Glück haben kann.
- Gedanken bestimmen aber nicht nur unsere psychische, sondern auch unsere körperliche Situation. Jeder Gedanke hat Auswirkungen auf unsere Organe und letztendlich auf jede Körperzelle – primär hauptsächlich ausgelöst durch die komplizierten vagotonen bzw. sympathikotonen Kombinationsreaktionen unseres vegetativen Nervensystems. Negative Gedanken können zu Erkrankungen, im Extremfall (z. B. größte Angst) zum psychogenen Tod, positive Gedanken zur Gesundung, im Extremfall (z. B. felsenfester Glauben) zur „Wunderheilung" führen.
- Erfolg ist die gesetzmäßige Folge richtigen Denkens und daraus resultierenden richtigen Handelns, Mißerfolg die logische Folge falschen Denkens und Handelns. Glück und Pech sind nicht Zufall; zum „Glückspilz" wird jeder Mensch, der richtig denkt, zum „Pechvogel" ein jeder, der falsch denkt und handelt.

Entscheidend ist nun die Erkenntnis: *Gedanken sind frei!* Jeder Mensch bestimmt selbst, was und wie er denkt. Negative Denkgewohnheiten, die zum Unglücklichsein, zu Krankheiten und Mißerfolg in allen Lebensbereichen führen, wurden im Laufe des Lebens erlernt, erworben oder anerzogen – sie können daher verlernt, durch gezieltes Training dauerhaft beseitigt und durch richtige, positive Gedanken ersetzt werden. Insofern ist dieses Buch eine Anleitung zur Erlangung von Glück, Gesundheit und Erfolg.

B. Zur Absicht dieses Buches

Zu dieser notwendigen Änderung negativer Denkgewohnheiten reicht ein bloßes „Zur Kenntnis-Nehmen" der entscheidenden Gesetzmäßigkeiten allerdings nicht aus. Um jemanden von schlechten Angewohnheiten abzubringen (denken wir an Bettnässer, Nägelkauer, Alkoholiker oder jede andere Art von Süchten) ist es mit wohlmeinenden Ratschlägen nie, selbst mit der (vorübergehenden) Einsicht des Betroffenen meistens nicht getan. Um hier wirkliche Erfolge zu erzielen, muß man starke psychische und geistige Leistungen aufwenden, Ausdauer und die Bereitschaft zu kontinuierlicher Weiterarbeit haben. Anders ausgedrückt: Um einen Betroffenen zur Verhaltensänderung zu bewegen, muß man ihn begeistern, ihn mit logischer Beweisführung überzeugen, ihm praktische Anleitungen an die Hand geben und die Möglichkeit zur weitergehenden Aufarbeitung spezieller Probleme bieten.

1. Erlebnis

Starke positive Emotionen können initial von entscheidender Bedeutung sein, um einen ersten „Einstieg" zu bewirken. Eine motivierende Gefühls-Spitze ist z. B. zu erzielen durch ein „Aha-Erlebnis", die blitzartige Erkenntnis bislang unklarer Zusammenhänge. Jeder weiß: Ein wirklich treffendes Beispiel ist oft besser als stundenlange Erklärungen. Ein praktisches Beispiel zur Verdeutlichung theoretischer Sachverhalte kann sich wie das Erlebnis eines „umwerfenden" Naturereignisses tief und unvergeßlich einprägen. Ein solches emotionelles Erlebnis ruft nicht nur das notwendige erste Interesse hervor, sondern bleibt auch – zumindest im Unterbewußtsein – haften, wirkt „im Innern" weiter und motiviert zur weiteren Beschäftigung mit dem Erlebten.

2. Kenntnis

Emotional ausgelöstes Interesse führt so automatisch zu echtem Wissen, wenn dem Interessierten die notwendigen Informationen zugänglich gemacht werden. Fundierte Kenntnisse sind solche, die einem – ohne die Notwendigkeit neuerlicher Überlegungen – „in Fleisch und Blut" übergegangen sind.
Das „Gewußt wie", das vollständige Verstehen der Kausalzusammenhänge, ist zwar alleine zur erfolgreichen Verhaltensänderung auch nicht ausreichend, auf jeden Fall aber notwendige Voraussetzung dafür. Es ist mehr als das: Man kommt bekanntlich an seinem besseren Wissen nur schwer vorbei!

3. Training

Zu dem Aha-Erlebnis und der Kenntnis aller Fakten muß nun eine Umsetzung des theoretischen Wissens in die Praxis, d.h. das Einüben der neuen Verhaltensweisen, kommen. Diese verdrängen nach und nach bzw. ersetzen ihre negativen Gegenstücke. Ein erfolgreiches Training aber setzt ein durchdachtes, d.h. einfaches und zugleich wirksames Übungsprogramm voraus. Erste Erfolge beflügeln im Idealfall so, daß die erzielte Harmonisierung die Energien für die weitere Umpolung freisetzt.

4. Vertiefung

Das Ziel vom absoluten Glück, totaler Gesundheit und ausschließlichem Erfolg dürfte nie ganz erreichbar sein; einer weiteren Vervollkommnung in der Kunst des positiven Denkens sind also keine Grenzen gesetzt. Daher ist es wichtig, je nach erreichtem Entwicklungsstand immer neue Möglichkeiten bzw. Wege zu finden, auf denen man fortschreiten kann. Da jeder Mensch seinen hemmenden „Pferdefuß" an anderer Stelle hat, muß sich jeder einzelne seine ureigenen Quellen suchen, die ihm das spezielle Wissen zur weiteren Entwicklung vermitteln.

C. Zum Aufbau dieses Buches

Die Buch-Konstruktion orientiert sich genau an dieser Reihe von Faktoren, die zur erfolgreichen Verhaltensänderung notwendig sind. Alle Kapitel sind gleichartig aufgebaut und gliedern sich somit grundsätzlich in 4 Teile:

1. Einleitung

Das erwähnte motivierende „Aha-Erlebnis" soll jeweils durch eine entsprechende Einleitung ausgelöst werden. Dabei handelt es sich entweder um ein möglichst prägnantes Beispiel zu dem Gesamtthema, um die Schilderung eines Experimentes oder um ein herausragendes Zitat aus der themenverwandten Literatur (oder auch der aktuellen Presse), um Aphorismen bzw. besonders treffende Sprichwörter.

2. Kommentar

Dieses Beispiel wird im jeweils folgenden Kommentar erläutert. Es werden die mentalen Gesetzmäßigkeiten aufgezeigt, die zur Analyse des einleitenden Beispiels notwendig sind. Besser ausgedrückt: Dem emotionalen Verständnis soll – durch Lieferung der entsprechenden Erklärungen – ein rationales Verständnis folgen. Da die Beispiele z.T. sehr spezielle Teilaspekte der Thematik beleuchten, kommt dem Kommentar außerdem die wichtige Funktion zu, deren Stellung innerhalb des Gesamtthemas aufzuzeigen.

3. Anwendung

Im 3. Teil jedes Kapitels werden aus den theoretischen Erörterungen die notwendigen praktischen Konsequenzen abgeleitet, ohne die das Buch letztendlich sinnlos wäre. Aus jedem Beispiel sollte eine Lehre für den Alltag gezogen werden. Jedes Kapitel sollte Anlaß zu einer entsprechenden Verhaltensänderung sein. Diese besteht im Idealfall in einem konsequent durchgeführten speziellen Trainingsprogramm. Hierzu werden in der einschlägigen Literatur diverse Techniken angeboten, die im Rahmen dieses Buches allerdings zum großen Teil nur erwähnt werden können.

4. Literaturangabe

Dieser Mangel soll jedoch dadurch behoben werden, daß durch die Angabe einschlägiger Literatur, aus der die jeweiligen Zitate stammen, die Möglichkeit zur weiterführenden Lektüre angeboten wird. Es war eine wesentliche Grundidee für das vorliegende Buch, eine repräsentative und umfassende Auswahl themenbezogener Literatur aufzuführen. Schon die ausgewählten Zitate sollen dem Leser konkrete Informationen über die zitierte Quelle liefern.

D. Zum Gebrauch dieses Buches

Dieses Buch enthält lauter dreiteilige Kapitel, in denen die Thematik des Buches – die Macht der Gedanken – von jeweils unterschiedlichsten Gesichtspunkten aus beleuchtet wird.
Dabei ist jeder Beitrag in sich abgeschlossen und sollte – auch ohne Kenntnis aller weiteren – voll verständlich sein.
Es handelt sich also nicht um ein Buch mit Anfang und Ende; es ist vielmehr möglich, an jeder beliebigen Stelle mit der Lektüre zu beginnen.
Der Autor hielt das einleitende Beispiel jedes einzelnen Kapitels für nachdenkenswert. Es sollte beim Leser zu der Überlegung Anlaß geben, ob bzw. wie die kommentierte Thematik im eigenen Leben bereits berücksichtigt wird oder in Zukunft berücksichtigt werden könnte.
Da es sich in allen Kapiteln um ein- und dasselbe Gesamt-Thema handelt, das mit der allein zutreffenden und daher letztendlich immer gleichen Argumentations-Kette erläutert wird, kommt es bei den einzelnen Kommentaren zwangsläufig zu Überschneidungen bzw. Wiederholungen. Diese sind aber didaktisch durchaus sinnvoll, da sie einerseits die Bedeutung zentraler Gesetzmäßigkeiten deutlich machen, und diese andererseits so als festhaftende Engramme im Gedächtnis oder im Unterbewußtsein verankert werden. Störend wirken die Wiederholungen eventuell bei einem nicht vorgesehenen Gebrauch des Buches: Eine fortlaufende Lektüre ist lediglich sinnvoll, um sich über Inhalt und Aufbau zu informieren und damit einen gezielten Rückgriff auf einzelne Kapitel zu ermög-

lichen. Ein „Durchlesen" mit anschließender definitiver Ablage im Bücherschrank entspricht dagegen nicht der beabsichtigten Funktion.

Es wurde beim Aufbau vielmehr an folgende Handhabung gedacht: Lektüre einzelner oder weniger Kapitel, innerliche „Verarbeitung" des Inhaltes mit entsprechender Verhaltensänderung, erneute Lektüre je nach Lebenssituation und momentan zu bewältigenden Problemen.

Somit ähnelt das Buch mehr einem Kochbuch oder einer Sammlung von Heimwerker-Tips. Der Unterschied ist lediglich der, daß es sich hier um geistig-seelische Rezepte und Anleitungen für Reparaturen im mentalen Bereich handelt. So fände das Büchlein zum Beispiel einen geeigneten Platz auf dem Nachttisch: Je ein Kapitel vor dem Schlafengehen wäre ein sehr bekömmliches mentales „Betthupferl" für die Einschlafphase, in der das Unterbewußtsein besonders gut programmierbar ist.

Tod im Kühlwagen

Der Fall

Ein Bahnarbeiter wurde irrtümlich in einen Kühlwagen der Bahn eingeschlossen und erst am nächsten Morgen entdeckt: Er war erfroren. Das Besondere an dem Fall: *Zu keinem Zeitpunkt dieses Ereignisses war der Kühlmechanismus eingeschaltet gewesen!!* *

Kommentar

Gedanken sind Kräfte!
Denken ist Erschaffen!
Der Fall zeigt besonders eindrucksvoll, daß Gedanken zu körperlichen Reaktionen führen.

Zum Mechanismus:

– *„Gesetz der Gedankenverwirklichung" nach Coué:*
„Jeder Gedanke, der uns erfüllt, drängt mit aller Macht auf seine Verwirklichung – soweit diese überhaupt im Rahmen des Naturgesetzlichen möglich ist.
Wie das Wasser den Weg zum Meere findet, so finden die Gedanken, die uns erfüllen, den Weg zu ihrer Verwirklichung."
(E. Rauch)

– *Prinzip der Psycho-Kybernetik nach Maltz:*
Nach dem Modell der Selbstbildpsychologie besteht ein psycho-somatischer „Servo-Mechanismus". Dieser „automatische Mechanismus sucht stets die Zielsetzungen aufzunehmen, die ihm in Form von bildhaften Vorstellungen zugeführt werden, Bilder, die wir durch die Anwendung unserer Vorstellungskraft produzieren".

---

* Bericht eines ungarischen Arztes, zitiert von E. Rauch: Autosuggestion und Heilung. Haug Verlag 1981; zitiert von J. Hirt: Prospekt über die Hirt-Methode. Zürich, Sept. 1986.

Das gilt im positiven und negativen Sinn:
„Prägen Sie ihm (bzw. sich) Erfolgsziele ein, arbeitet er als Erfolgsmechanismus. Prägen Sie ihm jedoch Unsicherheit und Zweifel ein, so arbeitet er als Versagermechanismus."

– Gesetz der Ideomotorik (Carpenter-Effekt):
Nach dem Ideomotorischen Prinzip, das der englische Arzt Carpenter im Jahre 1874 erstmalig beschrieben hat, hat jede bildhafte Vorstellung, die wir in unserem Inneren entwickeln, die Tendenz, sich zu verwirklichen. Und zwar je nach Intensität der bildhaften Vorstellungen, nur beim Fehlen gegengerichteter Vorstellungen oder Überzeugungen und besonders bei körperlicher Entspannung einerseits und geistig-seelischer Konzentration andererseits. Als praktischer Nachweis dienten vor allem der Pendelversuch des Marquis de Chevreuil und der Armlevitationsversuch nach Kohnstamm.

– Medizinische psychosomatische Erkenntnisse:
Die Erkenntnisse und Ergebnisse auf diesem Sektor mehren sich so, daß hier als Beispiel nur das Organ „Haut" kurz beleuchtet werden soll:
Die engen funktionellen Verbindungen zwischen Psyche und Haut werden bereits im Alltag und in der Umgangssprache deutlich. Ein Problem geht einem unter die Haut, es ist zum Aus-der-Haut-Fahren, jemand hat eine dicke oder dünne Haut; man errötet vor Scham, erblaßt vor Schreck, schwitzt aus Angst; man bekommt eine Gänsehaut oder es sträuben sich einem die Haare etc.
Ein Bindeglied zwischen noch normaler und schon krankhafter Beziehung zwischen Psyche und Haut liefert die Hypnose: Durch Suggestion (die immer nur durch bildhafte Gedanken im Hypnotisierten wirksam wird) können bekanntlich Brandblasen erzeugt werden!
Also: Der Bahnarbeiter war felsenfest davon überzeugt, *daß* man bei Kühlwagentemperaturen erfriert, und seine ganze Vorstellungskraft war auf die bildhaften Gedanken fixiert, *wie* man dabei erfriert. Grundsätzlich geschieht einem nach seinem Glauben (wie es schon in der Bibel steht), und die unterbewußten Gestaltungskräfte (zu denen unzählige Gesun-

dungs- und Erkrankungsmechanismen gehören) realisieren gesetzmäßig innere Vorstellungsbilder.
Es bestand praktisch die gleiche Situation wie bei der (erwähnten) Erzeugung von Brandblasen durch Hypnose – bei nur 3 relativ unbedeutenden Unterschieden:
– statt großer Hitze wurde große Kälte suggeriert,
– statt Fremdsuggestion fand direkt Autosuggestion statt,
– das Ausmaß der körperlichen Reaktion war größer.

Praktische Anwendung

Plötzliche bzw. akute Todesfälle dieser Art, verursacht durch die eigenen Gedanken, durch panische Angst, sind sicherlich sehr selten. Allmähliche bzw. schleichende Todesfälle dieser Art, verursacht durch eine dauernde Ängstlichkeit, sind aber bestimmt sehr häufig.
Das ist der Grund, warum dieser Einzelfall überhaupt interessiert: In unserer Zeit leiden viele Menschen an einer unbestimmten Lebensangst und unbegründeter Mutlosigkeit. Das aber hat auch unweigerlich körperliche Folgen, wie viele Sprichwörter schon zeigen: „Schiß haben", „mir krampft sich vor Angst der Magen zusammen", „starr vor Schreck", „gelähmt vor Angst" etc. etc. Das Endresultat ist letztendlich dasselbe wie bei dem Bahnarbeiter. Lediglich wegen des schleichenden Verlaufs über Jahrzehnte ist der Kausalzusammenhang zwischen Gedanken und Tod nicht so offenbar.
Sie sollten sich daher immer der Tatsache bewußt sein:
– Gedanken und Vorstellungen sind unglaubliche Kräfte. Jeder intensive, emotionelle Gedanke hat Realisierungstendenz im körperlichen Bereich.
– Zweifel, Angst, Pessimismus, Hoffnungslosigkeit, Grübeleien, Unheilsvisionen sind schleichende Gifte.
Durch die Angewohnheit, negativ zu denken, gelangen viele Menschen unversehens und unbewußt in einen selbstgeschaffenen und letztendlich tödlichen Gedankenkäfig.
Gedanken sind frei! Daher positive Vorstellungen und Anschauungen bewußt pflegen! Negatives Denken ist verlernbar, positives Denken erlernbar.

Das Brett von Coué

Das Experiment

„Nehmen wir einmal an, wir legen ein 10 m langes und 25 cm breites Brett auf den Boden. Selbstverständlich wird jedermann von einem Ende zum anderen gehen können, ohne daneben zu treten. Nun wollen wir uns aber den gleichen Versuch unter anderen Bedingungen angestellt denken: dasselbe Brett verbinde als Steg die zwei Türme eines Domes. Wer wird noch imstande sein, auf solchem Stege auch nur einen Meter zurückzulegen?" *

Kommentar

Das Gedankenexperiment, das jederzeit real mit dem beschriebenen Ergebnis nachvollziehbar wäre, beweist: Es gibt keine allgemein gültigen Fakten, Tatsachen, absolute Wirklichkeit; für den Menschen ist das Wirklichkeit, was er sich vorstellt. Der Mensch kann das, was er sich zutraut – und erleidet das, was er befürchtet. Jeder Mensch bestimmt sein Schicksal durch seine Gedanken selbst. – Wie Gedanken an den Absturz körperlich den Absturz verursachen, so verursacht z. B. die Angst vor Krankheit körperlich das gefürchtete Leiden.
Mit den Worten Coués selbst:
– Seine Erklärung: „Im Widerstreit zwischen Willen und Vorstellungskraft siegt letztere ausnahmslos."
– Praktische Bedeutung: „Die Vorstellungskraft ist lenkbar!!"
– Bedeutung für die Gesundheit: „Aus dem Gesagten könnte man schließen, daß eigentlich kein Mensch krank sein dürfte. Diese Folgerung ist ganz richtig!!"

---

* Emil Coué: Die Selbstbemeisterung durch bewußte Autosuggestion. Schwabe und Co. AG Verlag. 1982.

Praktische Anwendung

„Nehmen wir einmal an, wir legen" ... das beschriebene Brett als Steg zwischen die zwei Türme eines Domes und brächten es fertig, uns einzubilden, wir schritten nur über den Boden. Die Umkehrung des Versuchs von Coué zeigt, zu welchen unglaublichen Leistungen jeder Mensch fähig wäre, wenn er Gewalt über seine Vorstellungskraft hätte. Im Prinzip sind solche Wunder tatsächlich möglich, denn Gedanken sind frei bzw. lenkbar. Allerdings – wie Coué lehrt – nicht mit dem Willen, sondern nur mit der Vorstellungskraft!

Das Glas Wein

Der Fall

- Herr A. und Herr B. sitzen zusammen bei dem einen vom Arzt erlaubten Gläschen Wein.
  Herr A. denkt: „Fein, das Weinglas ist *noch* halb voll."
  Herr B. denkt: „Schade, das Weinglas ist *schon* halb leer."
  Der unterschiedliche **subjektive** Effekt bei identischer Situation:
  Herr A. ist glücklich und zufrieden; er empfindet die Situation als positives Erlebnis.
  Herr B. ist unzufrieden und unglücklich; er empfindet die Situation als negatives Erlebnis.

- Die beiden Patienten A. und B. machen nach einem komplizierten Beinbruch ihre ersten Gehversuche.
  Herr A. denkt: „Toller Fortschritt, ich kann *schon* wieder mit Krücken gehen!"
  Herr B. denkt: „So ein Elend, ich kann *nur* mit Krücken gehen!"
  Der unterschiedliche **objektive** Effekt bei identischer Situation:
  Patient A. ist schon nach 4 Wochen gesund.
  Patient B. ist erst nach 8 Wochen gesund.

Kommentar

- Auch wenn das viele bei reichen Prinzessinnen und berühmten Schauspielern vermuten: Das Leben ist für keinen Menschen und für keinen längeren Zeitraum vollkommen – das heißt: das Glas Wein ist *nie ganz voll!*
  Es ist im wirklichen Leben aber auch *nie ganz leer:* Selbst nach harten Schicksalsschlägen bleiben immer noch viele Dinge, über die man sich freuen kann, wenn man nur will.

- Bei der Alternative „positives oder negatives Denken" geht es nicht nur darum, ob man sich einerseits glücklich und zufrieden oder unglücklich und unzufrieden fühlt. Sondern: Negatives Denken hat grundsätzlich und automatisch immer auch negative Auswirkungen im körperlichen Bereich.

„Der Innere Arzt" (Paracelsus 1494–1541), das heißt die natürlichen Selbstheilungskräfte des Organismus (z. B. bei Infektionen das sinnvolle Fieber, bei Nahrungsmittelvergiftungen das sinnvolle Erbrechen, bei Schnittwunden der sinnvolle Gerinnungsmechanismus etc.) funktionieren ohne bewußte Aktivierung, gehören also dem unterbewußten Bereich an und gehorchen dessen Gesetzmäßigkeiten. Unbewußt ablaufende Körperfunktionen werden durch Gedanken, Emotionen und bildhafte Vorstellungen etc. wesentlich beeinflußt. Beispiele:
- „Beim Lesen dieses Rezeptes läuft mir der Speichel im Mund zusammen."
- „Mir läuft aus Wut die Galle über."
- „Mir ist der Ärger auf den Magen geschlagen."
- „Mir ist durch Enttäuschung eine Laus über die Leber gelaufen."
- „Nach diesem Ereignis bin ich sauer." (= Magensäure)

Das Unterbewußte arbeitet ständig an der Realisierung (positiver wie negativer) innerer Gedankenbilder. Optimismus fördert die natürlichen Gesundungstendenzen, Pessimismus macht dagegen krank und lähmt die Heilungskräfte.

Praktische Anwendung

Die meisten Menschen sind – zu ihrem eigenen Nachteil – unrealistisch und wenig objektiv: Sie sehen immer nur das Negative und haben für die positive Seite der Dinge keinen Blick.

„Positiv denken" heißt nicht, in umgekehrter Weise die negativen Aspekte zu verdrängen und gedanklich permanent zu „schönen".

Positiv denken: das heißt realistisch denken und *objektiv wahrnehmen*. Man sollte das Postitive wie das Negative sehen, beides aber *differenziert behandeln:*

- Das Positive als Anlaß nehmen, sich so viel wie möglich – mit aller Gefühlskraft – daran zu freuen (Freizeit) und daraus Energie und Schaffenskraft gewinnen.
- Das Negative als Anlaß nehmen, daran – mit aller Geisteskraft – zu arbeiten (Arbeitstag), und daran seelisch-geistig zu wachsen.

Was erreicht man mit dem Willen?

Der Fall

- Frl. X. befiehlt sich bei der Begegnung mit Herrn A.: Diesmal *will* ich aber auf gar keinen Fall wieder erröten! Die bekannte sichere Folge: Sie bekommt augenblicklich einen knallroten Kopf.
- Frl. Y. geht zwar todmüde, aber auch mit der Angst ins Bett, wieder nicht einschlafen zu können und will sich zum Schlafen *zwingen*. Die bekannte Folge: Sie schläft nicht ein.

Kommentar

Bei allen vegetativen Abläufen erreicht man mit Willensanstrengung nichts, besser gesagt: das Gegenteil dessen, was man eigentlich möchte. Das lenkende Unterbewußte realisiert dagegen mit gesetzmäßiger Zuverlässigkeit intensive Gedanken (1), bildhafte Vorstellungen (2) und bewirkt sogar Wunder bei dem, der an sie fest glaubt (3) (1 – 3 = Reihenfolge zunehmender Wirksamkeit)

Der pathogenetische Mechanismus:
- Frl. X. wird deshalb so prompt rot, weil sie sich den roten Kopf angstbetont und dadurch sehr bildhaft und intensiv vorgestellt hat (wenn auch als das, was sie *nicht* haben wollte). Das Unterbewußtsein aber realisiert das innere Bild als solches und völlig unabhängig von positiv oder negativ wertenden Vorzeichen.
- Frl. Y. kann deshalb nicht einschlafen, weil sie sich das qualvolle Wachliegen angstbetont, d. h. emotional sehr intensiv vorgestellt hat. Emotionelle Gedanken haben aber für das Unterbewußtsein und das Vegetativum „Programm-Funktion".

Das richtige Vorgehen:
- Frl. X. stellt sich bildhaft vor (und glaubt möglichst daran), wie sie Herrn A. völlig unbefangen, frei und salopp begrüßt.
- Frl. Y. stellt sich möglichst realistisch bzw. plastisch vor, wie sie müde und entspannt in der wärmenden Sonne an einem Palmenstrand liegt und trotz aller Bemühungen die Augen kaum mehr offenhalten kann.

Praktische Anwendung

Das Patentrezept lautet: Sich gedanklich nicht mit dem beschäftigen, was man nicht möchte, sondern mit dem, was man stattdessen anstrebt.

Im Umgang mit sich selbst:
- Wenn Sie sich das Rauchen, Trinken, übermäßige Essen etc. abgewöhnen wollen, so geht das todsicher schief, solange Sie das nur mit Willensanstrengung erreichen wollen. Nutzen Sie stattdessen Ihren Willen dazu, sich mental positive Alternativ-Ziele aufzubauen. Denken Sie also nicht „Dicksein heißt häßlich und krank sein", sondern „Schlanksein ist wundervoll".
- Wenn Sie krank sind, hüten Sie sich davor, daß die Krankheit permanent als „Feindbild" vor Ihren geistigen Augen steht. Verdrängen Sie das innere Bild der Krankheit total durch gegenteilige positive Bilder. Malen Sie sich aus, was Sie alles tun werden, wenn Sie bald wieder völlig gesund sind und wie schön das sein wird.

Im Umgang mit anderen:
- Sagen Sie Ihrem ungezogenen Kind nie: „Schau mal, wie brav Deine Schwester ist" (und du bist dagegen ein böser Junge)" – er wird auf diese Weise noch viel ungezogener werden.
- Wollen Sie, daß Ihre Mitarbeiter pünktlicher und fleißiger werden, so übersehen Sie am besten total die Unpünktlichkeit und Faulheit und suchen den geringsten Anlaß, die Betroffenen „hochzuloben".

Der Austausch von Zielbildern
($N = B \times S$)

Der Fall

„Eine pensionierte Lehrerin schlief täglich bis zehn Uhr morgens. Doch täglich um sieben Uhr begann der Lärm in diesem Haus. Der Milchmann klapperte im Hof mit seinen Kannen und Flaschen. Der Briefträger ließ den Briefkastendeckel mit lautem Knall zuschnappen. Kinder spielten vor dem Fenster oder unterhielten sich laut auf ihrem Schulweg. Alles das löste Ärger aus. Diese Frau ärgerte sich erheblich und täglich. Alles war Störung ihres Strebens zu schlafen und löste daher automatisch Ärger aus, der sich bis zur Wut gegen die Lärmenden steigern konnte." *

Kommentar

Der Ärger der Lehrerin unterliegt klaren psychologischen Gesetzmäßigkeiten:

$N = B \times S$ $\quad$ N = Intensität **N**egativer Gedanken
$\quad\quad\quad\quad\quad$ B = Größe der **B**ehinderung
$\quad\quad\quad\quad\quad$ S = Stärke des **S**trebens

Aus der Formel ergibt sich klar die Lösung des Problems: Ist B nicht zu verkleinern, muß dies mit S geschehen. Wird $S = O$, ist auch $N = O$!

Entsprechend lautete der „Therapievorschlag":

„Legen Sie sich zwei Stunden früher schlafen und stehen Sie um acht Uhr auf."

„Sie tat es, nach 2 Jahren des Sich-Ärgerns, und war über Nacht von ihrem Ärger befreit."

Lächerlich einfach? – ja sicher, trotzdem ärgern wir uns täglich viele Male und beachten dieses einfache Gesetz nicht.

---

* Fritz Wiedemann: 1. Die Kunst, glücklich zu sein. 2. Was ist und wie funktioniert unsere Psyche. Eigenverlag 1981.

Praktische Anwendung

Ist eine Behinderung nicht zu beseitigen, so kommt es darauf an, die *inneren Ziel-Bilder auszutauschen*. Anders ausgedrückt: Man muß seine Einstellung zu den unabänderlichen Tatsachen ändern.

Nehmen wir an, Sie leiden an einer Krankheit, die man nicht heilen kann, wie z. B. an einer Schuppenflechte (die erblich bedingt und daher nicht definitiv zu beseitigen ist).

Entsprechend der oben genannten Gleichung gibt es für Sie zwei Möglichkeiten:

a) Sie nehmen den Kampf gegen die Flechte auf; Ihr inneres Zielbild ist die makellose Haut. Der psychisch äußerst anstrengende und aussichtslose Kampf führt schon nach kurzer Zeit zur psychischen Erschöpfung. Das Unterbewußtsein, das gesetzmäßig und anfangs unermüdlich an der Realisierung innerer Gedankenbilder arbeitet, dekompensiert. Die Folge sind erst psychische, dann psychosomatische, schließlich organische Störungen.

b) Sie erkennen, daß Ihre totale Fixierung auf die Krankheit nicht objektiven Wertmaßstäben entspricht. Sie nehmen daher einen Austausch innerer Bilder vor: Anstatt des Menschen mit makelloser Haut entsteht in Ihnen das Zielbild eines liebenswerten, kreativen Zeitgenossen, der seine Kraft für realisierbare Ziele (Beruf, Hobby) einsetzt. Ihr Unterbewußtsein arbeitet erfolgreich an der Realisierung dieser Vorstellungen, daraus resultiert psychische und auch bessere körperliche Gesundheit.

Da die Größe **N** eine der häufigsten Krankheitsursachen ist („mir läuft aus Ärger die Galle über", „der Ärger schlägt mir auf den Magen" etc.), ist es so wichtig, sie bewußt im Auge zu behalten. Das heißt: Können wir eine Krankheit nicht ausheilen (**B** verringern), so ist der Austausch innerer Zielbilder die richtige Therapie.

Die Hierarchie der das Unterbewußte steuernden Kräfte

Das Zitat

1. „**Lehre** dein Kind niemals, gering von sich zu denken."
2. „Jeder unserer **Gedanken** ist eine Realität – eine Kraft."
3. „Jeder **Gedanke** ist ein Baustein am werdenden Schicksal – im Guten wie im Bösen."
4. „Was immer uns widerfährt, ist die Folge einer langgehegten **Stimmung**."
5. „Wenn wir im Geiste ein **Idealbild** unseres Selbst tragen, so setzen wir damit jene Kräfte in Bewegung, die uns in Wirklichkeit dazu machen."
6. „Jede **Imagination** ist eine unsichtbare Realität."
7. „**Träumer** vollbringen weit mehr, als die Welt ahnt."
8. „Wer Unglück **erwartet**, bittet darum und wird es auch zweifellos erhalten."
9. „Wer fest und ohne Zweifel, ja ohne zu fragen **glaubt,** sein Leib müsse im Laufe der Zeit Zeichen des Alters und Verfalls zeigen, dem wird sein Geist die Gedankenelemente des Todes bringen."
10. „Euer **Glaube,** wie immer er sein möge, materialisiert sich in Fleisch und Blut."

Kommentar

In den Zitaten Mulfords (1843–1891) sind bereits treffend alle Kräfte beschrieben bzw. wörtlich benannt, die unseren „Inneren Computer" steuern bzw. befehligen:
- Durch *Worte, Reden, Lehren* verursachen wir im anderen Gedanken (Zitat 1).
- *Gedanken* aber sind die „Grundsubstanz", nach denen sich unsere unterbewußten Funktionen ausrichten (Zitat 2 + 3). (Z. B.: „Bei dem Gedanken an das Essen läuft mir der Speichel im Mund zusammen.")

- *Emotionelle Gedanken* (Zitat 4 „Stimmung") sind noch um ein vielfaches wirksamer (z. B.: „Mir läuft vor Ärger die Galle über" oder „ich wurde blaß vor Neid").
- *Bildhafte Vorstellungen* sind bereits von stärkster Wirkung. Das Unterbewußtsein „springt an", nicht auf theoretische Gedanken, sondern auf deren bildhaften Inhalt (Zitat 5 „Bild", Zitat 6 „Imagination", Zitat 7 „Tag-Traum").
- *Erwartungen* sind bereits bildhafte Vorstellungen, mit deren Realisation man fest rechnet. Erwartungen sind daher ein Befehl an das Unterbewußtsein, der immer ausgeführt wird, wenn seine Realisation im Bereich des Menschlich-Möglichen liegt (Zitat 8).
- *Glaube* schließlich ist die stärkste, nicht mehr überbietbare Kraft (Zitat 9 + 10). „Der Glaube kann Berge versetzen" und durch unbeirrbaren Glauben können unheilbare Krankheiten geheilt werden, wie es in zahlreichen Beispielen der Bibel demonstriert ist.

Praktische Anwendung

- Es gibt kein unverbindliches Spielen mit Gedanken! Jeder Gedanke hat – in unserem Körper und in unserer Umwelt – Realisierungstendenz.
- Die Realisierungskraft ist um so stärker, je häufiger (1), je intensiver (2), je bildhafter (3) und je emotioneller (4) die Gedanken sind.
- Positive Gedanken haben positive Auswirkungen, negative Gedanken immer negative. Negative oder positive Ereignisse wurden vorher immer erst gedanklich erschaffen.

Daher ist jeder Mensch „seines Glückes Schmied", weil jeder seine Gedanken lenken kann. Man kann destruierende Gedanken „links liegen lassen" und aufbauende bewußt „hegen und pflegen". Wer ein Ziel hat, sollte sich dieses zunächst geistig und emotionell in allen Einzelheiten und größter Intensität erschaffen; damit hat man es fast schon erreicht.

Literatur
Prentice Mulford: Unfug des Lebens und des Sterbens, Fischer Taschenbuch Nr. 1890.

„Euch geschehe nach eurem Glauben"

Das Zitat

- *„Bittet,* so wird euch gegeben;
  suchet, so werdet ihr finden;
  klopfet an, so wird euch aufgetan" (Matthäus 7,7).
- „Dein *Glaube* hat dir geholfen!" (Lukas 7)
  „So ihr *Glauben* habt ... wird euch nichts unmöglich sein!" (Matthäus 17,21)
  „Alles ist möglich, dem der *glaubt!"* (Markus 9,23)
  „Euch geschehe nach eurem *Glauben!"* (Matthäus 9,29)

Kommentar

Jedem Haushaltsgerät, Radio etc. liegt eine Gebrauchsanweisung bei, in der erklärt wird, wie der Apparat funktioniert, und was zu tun ist, um ein bestimmtes Ergebnis zu erzielen. Jede Pflanze braucht bestimmte Rahmenbedingungen, um blühen und gedeihen zu können.
Viele Bibelworte sind nichts anderes als solche Empfehlungen.
Beachte: Es geht hier also nicht um religiöse Aspekte der zitierten Bibel, nicht um das Jenseits, sondern um ganz handfeste *diesseitige* Belange: So besagen die Zitate also nicht, daß der in den Himmel kommt, der daran glaubt. Sie beziehen sich auch auf jeden Bereich unseres *irdischen* Lebens!

Denn so funktioniert der Mensch:
Die inneren Gestaltungskräfte des Menschen (die zum größten Teil ungenutzt brachliegen und deren Nutzung bei vielen Menschen vielleicht zwischen 1% und 10% des Möglichen schwankt, wie vereinzelte außerordentliche Leistungen einzelner Persönlichkeiten zeigen) werden von den gedanklichen Zielbildern des Menschen gesteuert und freigesetzt. Je emotio-

neller diese Zielbilder besetzt sind, umso wirksamer sind sie. Das gilt für positive *wie negative* Zielbilder in gleichem Maß:
- Wer dauernd über Krankheiten nachgrübelt, der *„bittet"* quasi darum, und seine inneren Gestaltungskräfte werden seine Vorstellungen realisieren.
- Wer sich immer unbegründet sorgt, der *„sucht"* nur nach Negativem, und er wird es in zunehmendem Maße finden (was den Betreffenden dann lediglich in seiner negativen Auffassung von der Welt zu bestätigen scheint; in Wirklichkeit hat er alles Negative herbeigedacht).
- Wer an Unheil felsenfest *glaubt,* den ereilt es mit Sicherheit.

„Bitten", „suchen", „anklopfen" und *„glauben"* sind lediglich unterschiedliche *Techniken zum Aufbau von Zielbildern,* die – nach den technisch-konstruktiven Gegebenheiten der menschlichen Geist/Psyche/Körper-Einheit – gesetzmäßig realisiert werden (müssen).

Praktische Anwendung

Beten und Glauben setzen starke Kräfte im diesseitigen Leben frei. Beten und Glauben sind hervorragende Techniken zur Schaffung von Zielbildern mit hoher bzw. höchster Realisierungskraft. Wer beten und an ein Ideal glauben kann, ist daher demjenigen grundsätzlich überlegen, den nichts motivieren kann. Die Angst, nach dem Tod dann „dem Betrug aufzusitzen", ist deswegen unsinnig, weil sich die durch Beten und Glauben freigesetzten Kräfte schon zu Lebzeiten (positiv) realisieren. Jeder Mensch hat die Möglichkeit, sich seine (nicht eingebildete, sondern tatsächliche) Wirklichkeit selbst zu schaffen.

Literatur
Die Bibel.

Die Wirkung von Ermahnen und Warnen

Das Experiment

„Im Sommer 81 hatte ich ein ausführliches Gespräch mit einem Mittelschullehrer aus Österreich, der mir von einem Film über drogensüchtige Jugendliche berichtete, welcher versuchsweise in österreichischen Schulen gezeigt worden ist, um als abschreckendes Beispiel auf die Schüler zu wirken. Er habe schonungslos brutale Szenen aus dem Leben und Sterben Drogenabhängiger enthalten und sollte im Bewußtsein der jungen Menschen die Droge entmystifizieren und entglorifizieren. Dieser Film, so sagte der Lehrer, habe nach wenigen Monaten eingezogen werden müssen, weil der prozentuale Anteil der Drogen-Erstprobierer unter den Schülern, die den Film gesehen hatten, eindeutig angestiegen war. Das Ergebnis dieses fehlgeschlagenen Experimentes ist keineswegs erstaunlich."

Kommentar

Das Ergebnis ist deshalb nicht erstaunlich, weil „Informationen *über* den Menschen selbstbildverändernde Einflüsse *auf* den Menschen haben, und zwar positive Informationen positive Einflüsse und negative Informationen negative Einflüsse". Informationen von außen lösen im Menschen entsprechende Gedanken, Vorstellungen und Ängste bzw. Hoffnungen aus. Diese Faktoren – ihre Wirkung nimmt in der genannten Reihenfolge zu – haben unwillkürlich einen enormen Einfluß auf das autonome bzw. vegetative körperliche Geschehen. Ein positives Beispiel: Die Vorstellung an ein saftiges Schnitzel stimuliert die Speicheldrüsen. Ein negatives Beispiel: Der Gedanke an Probleme „schlägt auf den Magen", „macht sauer" (Magensekretion, Ulcus), es „läuft einem eine Laus über die Leber" etc.

Jedem ist bekannt, daß sich bei langen Diskussionen über

Krankheit, Tod, Depressionen etc. das Wohlbefinden der Gesprächsteilnehmer nachhaltig verschlechtern. Medizinern ist bekannt, daß nach einer Fernsehsendung über Risikofaktoren des Herzinfarktes tags darauf sogar die Einlieferung von Infarktpatienten in die Klinik zunimmt. Das durch die Sendung vermittelte massive Angstgefühl stellt selbst einen wesentlichen Risikofaktor dar, so daß die Infarktgefahr bei entsprechend Disponierten tatsächlich erhöht wird!

Praktische Anwendung

Eine Mutter, die ihr Kind ermahnt, „ja nicht an die zerbrechlichen Flaschen zu gehen", lenkt oft erst mit dieser negativ formulierten Ermahnung die Aufmerksamkeit des Kindes auf den verbotenen Gegenstand. Wenn das Kind schon dabei war, Flaschen zu zertrümmern, ist es ausreichend, die Aufmerksamkeit des Kindes auf eine positive Beschäftigung zu lenken, anstatt stundenlang über die Missetat zu jammern und sie damit als mentales Programm zu etablieren.

Man kann jede Information positiv oder negativ formulieren oder „verpacken". Selbst eine gutgemeinte Warnung (= negative Formulierung) kann gerade das Ergebnis zeigen, das Sie verhindern wollten. Die plastische Schilderung des erwünschten Zustandes (= optimaler positiver Weg) ist der erste Schritt zu dessen Realisierung.

Diese Gesetzmäßigkeiten gelten für den Umgang
- mit sich selbst: „Pflegen" Sie Ihre positiven Gedanken und behandeln Sie die unvermeidlich negativen Empfindungen mit Mißachtung!
- mit Ihrer Familie: Nie „niederziehende", sondern immer nur „aufbauende" Kritik. Das beste Erziehungsmittel ist ein positives Beispiel.
- mit Ihren Arbeitskollegen: Gegenstand Ihrer Gespräche ist nicht das, was Sie stört, ärgert, behindert etc., sondern immer nur das, was Sie erreichen wollen.

Literatur
Elisabeth Lukas: Von der Tiefen- zur Höhenpsychologie, Herderbücherei Band 1020 (1983).

„Ideen erschaffen Wirklichkeit"

Der Fall

„Eine alte Jungfer, die am Flußufer wohnt, beschwert sich bei der Polizei über die kleinen Jungen, die vor ihrem Haus nackt baden. Der Inspektor schickt einen seiner Leute hin, der den Bengeln aufträgt, nicht vor dem Haus, sondern weiter flußaufwärts zu schwimmen, wo keine Häuser mehr sind. Am nächsten Tage ruft die Dame erneut an: Die Jungen sind immer noch in Sichtweite. Der Polizist geht wieder hin und schickt sie noch weiter flußaufwärts. Tags darauf kommt die Entrüstete erneut zum Inspektor und beschwert sich: „Von meinem Dachbodenfenster aus kann ich sie mit dem Fernglas immer noch sehen!"
Man kann sich nun fragen: Was macht die Dame, wenn die kleinen Jungen nun endgültig außer Sichtweite sind? Vielleicht begibt sie sich jetzt auf lange Spaziergänge flußaufwärts, vielleicht genügt ihr die Sicherheit, daß irgendwo nackt gebadet wird. Eines scheint sicher: Die Idee wird sie weiterhin beschäftigen. Und das Wichtigste an einer so fest gehegten Idee ist, daß sie ihre eigene Wirklichkeit erschaffen kann."

Kommentar

Im täglichen Leben sind es kleine Ärgernisse, geringfügige Störungen und vage Ängste, die die Rolle der kleinen Jungen spielen. Der alten Jungfer entsprechen unsere negativen Denkgewohnheiten: wir bauschen gedanklich Kleinigkeiten auf, machen „aus einer Mücke einen Elefanten", ziehen (wie ein Magnet die Späne) selektiv nur negative Gedankeninhalte an und sehen nicht mehr die immer auch vorhandenen positiven Aspekte, rücken kleinste Probleme wie mit dem Mikroskop in das Zentrum unseres Bewußtseins, feiern lustvoll negative Gefühlsorgien bzw. geben uns negativen Gedankenfilmen hin und überlassen uns widerstandslos Unheilsvisionen.

Auf gesundheitlichem Sektor spielt das gleiche Drama eine noch größere Rolle: Die Rolle der „kleinen Buben" wird hier von relativ harmlosen Krankheitssymptomen, unbedeutenden Befunden oder bombastisch klingenden Diagnosen ohne großen Krankheitswert übernommen. Patienten mit entsprechendem Persönlichkeitsmuster machen sie zum Kristallisationspunkt ihrer psychischen Reaktionsweisen. Sie beobachten kleinste Beschwerden so lange, bis diese ihr Blickfeld und ihr Empfinden total ausfüllen.

Die unheilvollen Folgen:
Die Ideen erschaffen dann schließlich ihre eigene Wirklichkeit – wie oben zutreffend formuliert ist. Das heißt: Das dauernde Denken, Vorstellen oder Befürchten von Symptomen oder Krankheiten führt letztendlich zu deren Entstehung. Das Unterbewußtsein, das die autonomen vegetativen Mechanismen unseres Körpers entscheidend beeinflußt, arbeitet konstant und zuverlässig an der Realisierung unserer – negativen oder positiven – Gedankenbilder.

Praktische Anwendung

Man muß sich fragen, warum die alte Jungfer nicht z. B. mit derselben Energie auf die sicher reichlich vorhandenen Schönheiten der Natur am Flußufer achtet. Es wäre ja sogar auch denkbar, daß sie sich an dem munteren Treiben der kleinen Jungen und deren ansteckender Fröhlichkeit erfreut.
Warum kreisen die Gedanken der meisten Menschen fast immer um die negativen Aspekte des Lebens, wo doch jedes Ding zwei Seiten hat, nämlich neben der negativen immer auch die gute! Selbst in Zeiten schwerer Belastungen kann man immer noch genügend positive Aspekte aufspüren, wenn man sich um eine objektive Betrachtungsweise bemüht.
Jeder Mensch hat es selbst in der Hand, worauf er seine Aufmerksamkeit richtet:
– Die Unglücklichen, Erfolgslosen und Kranken sind jene

Menschen, die dauernd mit dem Fernglas aus dem Dachbodenfenster nach den bösen Buben forschen.
- Die Glücklichen, Erfolgreichen und Gesunden sind die, die ihr Fernglas stattdessen nach oben richten, z. B. auf die prächtigen Blüten in den Ästen oder auf die bunten Vögel in den Bäumen.

Literatur
P. Watzlawick: Anleitung zum Unglücklichsein. Piper Verlag, München, 1983.

Emotionen – in Körperorgane fehlgeleitet

Die Redensart

In zahlreichen Redensarten wird die Wirkung der Psyche auf praktisch alle Organe unseres Körpers deutlich:

„Ich hab was auf dem Herzen."
„Mir fiel aus Angst fast das Herz in die Hose."
„Seine Art brachte mich auf Tempo 100."
„Mir blutete das Herz."

„Mir blieb vor Schreck die Luft weg."
„Es verschlug mir den Atem."
„Ich kann ihn nicht riechen."
„Ich reagiere allergisch auf meine Schwiegermutter."

„Ich mußte viel schlucken in meinem Leben."
„Diese Kränkung konnte ich lange nicht schlucken."
„Der Bissen blieb mir vor Schreck im Hals stecken."
„Das Problem war für mich ein harter Brocken."

„Das Problem liegt mir im Magen."
„Ich werde gleich sauer."
„Ich ärgerte mir ein Loch in den Bauch."
„Ich hatte eine enorme Wut im Bauch."

„Ist dir eine Laus über die Leber gelaufen?"
„Ich spuckte Gift und Galle."
„Vor Ärger läuft mir die Galle über."

„Ich machte mir vor Angst fast in die Hose."
„Ich hatte Schiß."
„Das Problem konnte ich nur schwer verdauen."

„Das Problem bereitete mir Kopfschmerzen."
„Vor Wut mit den Zähnen knirschen."
„Vor lauter Sorgen den Kopf hängen lassen."

„Sorgen hatten mich gebeugt."
„Ich spürte die Angst im Nacken."
„Mir saß die Angst im Nacken."

Kommentar

In Redensarten und Sprichwörtern kondensieren sich jahrhundertealte Erfahrungen und oft tiefe Weisheiten. Obwohl der krank (oder gesund) machende Einfluß von Gedanken und Emotionen auch auf die „autonomen" (auf den Einfluß unseres Willens scheinbar nicht reagierenden) inneren Organe im Volksmund fest verwurzelt ist und durch die tägliche Erfahrung eines jeden Menschen klar bewiesen ist, wurde diese Tatsache von der Schulmedizin bis vor kurzem nicht zur Kenntnis genommen bzw. kategorisch abgelehnt.

Wo wirken Gedanken auf körperlicher Ebene?: Die zitierten Redewendungen zeigen, daß praktisch jedes Organ durch Emotionen beeinflußbar ist: Herz und Kreislauf, die Atemorgane, der gesamte Verdauungs-Trakt mit Speiseröhre, Magen, Darm, Leber und Galle, die Haut und auch die willkürlich steuerbare Skelettmuskulatur bes. in allen Partien der Wirbelsäule. Funktionsstörungen ganzer Organe liegen aber Störungen deren Bausteine zugrunde. Man kann bzw. muß annehmen, daß Gedanken *alle* Körperfunktionen auf zellulärer und humoraler Ebene beeinflussen können, wie z. B. die diversen Innenmechanismen und „Heilkräfte" des Körpers, die nicht so unmittelbar augenfällig sind wie z. B. Herzfunktion und Atmung.

Wie wirken Gedanken auf körperlicher Ebene?: Wenn die zitierten kurzfristigen Emotionen bereits so massive körperliche Auswirkungen haben, kann es nicht überraschen, wenn z. B. andauernde jahrelange Angst (nicht-angemessene Dauerangst als falsche Denkgewohnheit) auch *andauernde* funktionelle Störungen verursachen kann; eine andauernde Funktionsstörung eines Organs muß aber schließlich in eine irreversible organische Erkrankung münden.

Zusammenfassend ist also festzustellen:
Massive Emotionen führen zu massiven körperlichen Reaktionen; man kann vermuten, daß *alle Gedanken,* die ja immer mit Emotionen korreliert sind, – wenn auch ganz geringe – körperliche Auswirkungen haben.
Kurzfristige Emotionen führen zu funktionellen Organreaktionen; *andauernd* negative Denkgewohnheiten führen schließlich zu echten Organschäden.
Jedes Organ, jede Zelle des Körpers kann durch Gedanken *gestört* aber auch in seiner gestörten Funktion *verbessert* werden.

Negatives Denken wie z. B.

ANGST
↓
Hypothalamus
↓
Vegetatives Nervensystem — Endokrines System (Hormone) — Immun-System
↓
KRANKHEIT

Praktische Anwendung

Die in den zitierten Redewendungen erwähnten Emotionen wie Angst, Schreck, Wut, Sich-Sorgen etc. sind primär sinnvolle Reaktionen der Psyche auf Zustände, die für den betroffenen Menschen negativ sind und die daher schnell und energisch abgestellt werden sollen.

Auch die mit den Emotionen korrelierten Körperreaktionen sind z. T. durchaus erwünscht: Zum Abwehrkampf ist z. B. vermehrte Herzarbeit und vorübergehende Abschaltung der momentan nur Energie-verbrauchenden Verdauungsarbeit sinnvoll.

Aber: Wenn die freigewordenen psychischen Energien gar nicht zur Beseitigung der *äußeren* Ursachen verwandt (und somit kurzfristig verbraucht) werden, sondern sich stattdessen ausschließlich nach *innen* wenden und lediglich nachhaltig und in diesem Fall immer völlig sinnlos die Funktion der inneren Organe stören, dann erfüllen Emotionen nicht ihren biologischen Zweck, sondern wirken krankmachend.

Zusammenfassend ist also festzustellen:
Emotionen sind seelische Energien, die *kurzfristig* (a), *nach außen* gerichtet (b), die *auslösende Ursache beseitigen* (c) sollen. Werden negative Emotionen nicht auf diese Weise naturgemäß verbraucht, so wirken sie *langfristig* (a), *nach innen* gerichtet (b) und *störend auf Körperfunktionen* (c) ein.
So verursachte funktionelle oder organische Beschwerden sind **Warnsignale** des Körpers mit der Botschaft, daß die primär sinnvolle psychische Energie **„auto-aggressiv"**, also falsch eingesetzt wird.

Suggestion und Autosuggestion

Das Experiment

„Vor einigen Jahren führte ein berühmter Hypnotiseur ein Experiment durch, bei dem es darum ging, durch auf Tonband gesprochene Suggestionen bei einer Versuchsperson den Trancezustand herbeizuführen. Nachdem er die Person im Zimmer hatte Platz nehmen lassen, schaltete er das Tonbandgerät ein und verließ den Raum. Als er bei einem dieser Experimente zurückkam, fand er die Versuchsperson in tiefer Trance vor, stellte aber dann fest, daß ihm insofern ein Versehen unterlaufen war, als er anstelle des Bandes mit den Suggestionen eins mit einem Schweizer Jodler erwischt hatte."

Kommentar

I. Über die „Macht der Hypnose" sind zahlreiche erstaunliche Berichte im Umlauf, deren Wahrheitsgehalt nicht immer genau nachprüfbar ist. Es ist aber – um nur zwei Beispiele zu nennen – zweifelsfrei nachgewiesen, daß
– mittels Hypnose die Schmerzempfindlichkeit so weit ausgeschaltet werden kann, daß große Bauchoperationen ohne jede Narkose durchgeführt werden. Solche Operationen in *„Hypnoanalgesie"* waren mancherort ein Routineverfahren.
– mittels Hypnose die Ausbildung von *Brandblasen* provozierbar ist. Solche Hitze-Suggestionen mit Blasenbildung wurden auch von anerkannten Wissenschaftlern wie Schulz und Langen durchgeführt.

II. Der eingangs zitierte Fall ist nun in einmalig anschaulicher Weise dazu geeignet zu demonstrieren, welche Kräfte es eigentlich sind, die bei der Hypnose wirksam sind:

Es sind – wie sich zeigt – einzig und allein die
Eigenen *Gedanken des angeblich „Hypnotisierten"*.

In dem zitierten Fall hatte sich die Versuchsperson auf die Hypnosesitzung eingestellt mit dem Ziel, in den Trancezustand zu geraten. Diese „innere Einstellung" war das einzig Wesentliche an der ganzen Hypnose und führte zu dem erwünschten Ziel. Völlig bedeutungslos war dagegen die Hypnose selbst: Sie fand gar nicht statt! Die Realisierungskraft der eigenen Gedanken wird zusätzlich durch die Tatsache demonstriert, daß die versehentlich ablaufende Jodelmusik den Trancezustand nicht im geringsten störte! Das Experiment demonstriert, was für den Fachmann ohnehin selbstverständlich ist: Hypnose ist eine mentale Leistung des Hypnotisierten und nicht das Hypnotiseurs! Anders ausgedrückt: In der Hypnose wird – außer den Schallwellen der gesprochenen Worte – nichts auf den Probanden übertragen. Es gibt keinen „Magnetismus" (Meßmer) und keine übertragbare Kraft mit somatischem Realisierungsvermögen.

Hypnose ist nichts anderes als ein Hilfsmittel, um den „Hypnotisierten" zu veranlassen, selbst bildhafte Vorstellungen zu produzieren. Kurzum: Suggestion ist immer nur der äußere Anlaß für *Autosuggestion,* und Autosuggestion ist die *einzige* Kraft, die bei einer Hypnose wirkt. Daher kann auch kein Mensch gegen seinen Willen hypnotisiert werden, wobei allerdings das Unterbewußtsein oft andere Wünsche hat als das Bewußtsein des Betreffenden weiß oder zugibt.

III. Die Synthese aus I. und II. ergibt Tatsachen von enormer Tragweite: Der Mensch kann durch Gedankenkraft weitreichende körperliche Veränderungen auslösen:
- Wer sich realistisch vorstellt, daß er bei einer Blinddarmoperation schmerzfrei ist, ist tatsächlich schmerzfrei.
- Wer sich realistisch vorstellt, daß heißes Wasser auf seinen Handrücken tropft, bekommt unvermeidbar Brandblasen (= 2. gradige Verbrennungen).

Nur: es gibt erstaunlicherweise offenbar nur wenige Menschen, die es sich zutrauen, in sich realistische Gedankenbilder dieser Art zu erzeugen. Demgegenüber eignet sich aber eine nicht geringe Prozentzahl aller Menschen für tiefe Trancezustände in sog. „Fremd-Hypnose".

Das heißt: *Der Mensch traut anderen Personen Kräfte zu, die er in Wirklichkeit nur selbst über sich hat!!* Lediglich auf dem Umweg über den Glauben an (nicht existierende) mächtige Kräfte im Gegenüber kann der Mensch die eigenen Kräfte mobilisieren!

Praktische Anwendung

Wem es gelänge, an die – durch die Hypnose und das eingangs geschilderte mißglückte Experiment – eindeutig nachgewiesene Macht der Gedanken zu *glauben,* der wäre in der Lage, nicht nur Schmerzfreiheit und Brandblasen nach Belieben zu produzieren, sondern auch (jede?) andere gewünschte körperliche Veränderungen herbeizuführen. So müßte jede Krankheit durch bloße Gedanken heilbar sein.

Dementsprechend ist die Behauptung von P. Mulford zu verstehen, daß der Mensch letztendlich unsterblich wäre, wenn er nur nicht daran glauben (sich der Massenhysterie anschließen) würde, daß er im Alter von 60–80 Jahren sterben muß.

Man könnte auch so formulieren: Von Natur aus ist jeder Mensch durch bloße Gedankenkraft im Bereich seines Körpers zu Wundern fähig, das einzige Hindernis ist seine Kleingläubigkeit. Damit sind wir bei der Binsenweisheit, daß „der Glaube Berge versetzen kann"; es ist erstaunlich: jeder kennt diesen Spruch, sein Wahrheitsgehalt ist offensichtlich und nachweisbar (s.o.), und dennoch wendet kaum einer die ihm zur Verfügung stehende Kraft an. Warum eigentlich?

Literatur
Dr. Arthur S. Freese: Wie Hypnose helfen kann. Ein vollständiger Führer zur Beherrschung von Hypnose und Selbsthypnose. Hermann Bauer Verlag, Freiburg i. Br. 1978.

Objektive Fakten und subjektive Gefühle

Das Experiment

„Penfield hatte Patienten mit Jackson-Epilepsie zu behandeln. Dabei handelt es sich um eine Sonderform der Epilepsie mit motorischen und sensiblen Anfällen, die von einem umschriebenen Krankheitsherd im Gehirn verursacht werden. Im Verlauf der operativen Eingriffe unternahm Penfield eine Reihe von Versuchen, bei denen er die Großhirnrinde des Schläfenlappens durch eine galvanische Sonde mit schwachen elektrischen Strömen reizte. Die Reaktionen auf diese Reizung hat Penfield untersucht und die Versuchsergebnisse mehrere Jahre gesammelt. Der Patient war bei diesen Eingriffen an seiner Großhirnrinde nur örtlich betäubt, im übrigen aber bei vollem Bewußtsein und konnte mit Penfield sprechen.
Penfield entdeckte, daß der Reiz, den er mit der Sonde auf eine bestimmte Geweberegion der Großhirnrinde ausübte, Informationen hervorrief, die nachweislich der Erinnerung des Patienten entstammten.
(Interessant war die Feststellung,) daß nicht nur vergangene Ereignisse detailliert aufgezeichnet wurden, sondern auch Gefühle, die mit diesen Ereignissen verbunden waren. Ein Ereignis und das Gefühl, das mit diesem Ereignis ausgelöst wurde, sind im Gehirn unauflösbar miteinander verbunden, so daß eines nicht ohne das andere hervorgerufen werden kann."

Kommentar

Diese Resultate sind von weitreichender Bedeutung für unsere Denkgewohnheiten, unser psychisches Wohlbefinden und schließlich für unsere Gesundheit:
Bekanntlich hat jedes Ding zwei Seiten, und es hängt weitgehend davon ab, wie wir die Ereignisse erleben – und in unserem Gedächtnis abspeichern.

Nehmen wir als Beispiel ein ganz neutrales Naturereignis: Es schneit.
- Der eine hat dabei gewohnheitsmäßig negative Gedankeninhalte wie ... Matsch, Dreck, Rutschen, Hinfallen, Verkehrsstau, Schneeschieben etc. etc. ...
- Der andere denkt dabei gewohnheitsmäßig (oder bewußt!! s.u.) positiv: ... schöne Winterlandschaft, harmonische Weihnachtszeit, Schlittenfahren, Skiervergnügen, Schneeballschlacht etc. etc ...

Die Betrachtungsweise bzw. die Denkgewohnheit spielen aber auch immer dann eine Rolle, wenn die Ereignisse tatsächlich positiv oder negativ sind:
- So finden manche Menschen selbst im denkbar größten Glücksfall „ein Haar in der Suppe".
- So kann man auch im allergrößten Unglück positive Aspekte ausmachen (und sei es der mit der Bewältigung verbundene seelische Wachstumsprozeß).

Die Untersuchungen des kanadischen Neurochirurgen Wilder Penfield zeigen nun, daß es in jedem Fall von großer Bedeutung ist, ob wir uns den schädlichen Luxus einer negativen Betrachtungsweise leisten, oder ob wir uns erziehen, unsere Aufmerksamkeit bewußt auf die immer vorhandenen positiven Aspekte zu lenken: Denn unsere Gedächtnisaufzeichnungen sind subjektiv! Sie enthalten nicht nur die bestehenden Tatsachen zum Zeitpunkt ihrer Speicherung, sondern immer gleichzeitig unsere höchst individuellen Empfindungen und Bewertungen. Die objektiven Fakten und unsere subjektiven Gefühle werden immer als untrennbare Einheit abgespeichert!

Warum ist das so bedeutungsvoll? Aus zweierlei Gründen:
- Wenn neue Ereignisse bewußt oder unbewußt alte Gedächtnisinhalte aktivieren, werden die damit kombinierten alten Gefühle automatisch mit frei. Deshalb löst jeder Schneefall bei dem o.g. Pessimisten negative Emotionen aus, selbst wenn er im warmen Zimmer sitzt, nicht Schneeschippen muß, nicht hinaus muß etc. etc.

Deshalb löst der Schneefall bei dem o.g. Optimisten positive Emotionen aus, selbst wenn er gerade mit dem Auto wegfahren oder den Schnee vom Gehweg räumen muß.

– Nach dem psycho-somatischen Gesetz der Ideomotorik (nach Carpenter 1874) hat jede bildhafte Vorstellung die Tendenz, sich körperlich zu realisieren. Das heißt im weiteren Sinne, daß sich gewohnheitsmäßiges Negativdenken letztendlich nachteilig auf den körperlichen Gesundheitszustand auswirkt. Pessimisten sind bekanntlich immer „sauer" oder „säuerlich" (vermehrte Produktion von Magensäure), ärgern sich Magengeschwüre an oder schaffen es letztendlich sogar, „sich totzuärgern".

Praktische Anwendung

Penfields Versuche demonstrieren die Tatsache, in welch weitgehendem Ausmaß wir selbst „unseres Glückes Schmied" sind: Schon in der frühesten Kindheit wird jede unserer Emotionen als „Engramm" abgespeichert. Bereits die erste Emotion hat einen Einfluß auf unsere nächste gedankliche Reaktion. Je mehr wir uns eine negative Denkweise angewöhnen, umso zerstörerischer sind die Gefühlsentladungen, die bei jeder analogen Erfahrung automatisch freigesetzt werden.
Umgekehrt wird auch jede positive, aufbauende Emotion ebenso zuverlässig gespeichert. Wenn wir uns bewußt und konsequent eine positive Denkweise angewöhnen, werden die negativen Engramme nach und nach aufgewogen.
Negative Engramme können zwar grundsätzlich nie mehr gelöscht, aber durch ihre positiven Gegenspieler immer mehr „verdünnt" bzw. „verwässert" werden, so daß sie schließlich kaum mehr wirksam sind.
Die Tatsache, von welcher Bedeutung jeder einzelne unserer Gedanken ist, ist erschreckend. Sie macht aber gleichzeitig deutlich, daß es nicht die objektiven *Fakten* sind, die unser Leben bestimmen. Es sind vielmehr unsere *Gedanken, die wir selbst* lenken können!

Literatur
Th. A. Harris: „Ich bin Ok, Du bist Ok." Wie wir uns selbst besser verstehen und unsere Einstellung zu anderen verändern können – Eine Einführung in die Transaktionsanalyse.
Rororo Taschenbuch. Nr. 6916, Reinbek 1985.

„Autonome" Körperfunktionen und Wille

Das Zitat

„Vegetatives Nervensystem (autonomes Nervensystem): Zwei nach dem Antagonistenprinzip arbeitende Teilsysteme (Sympathikus, Parasympathikus), die unabhängig vom Willen und Bewußtseinszustand die lebensnotwendigen Funktionen im Organismus steuern." *(Zitat aus einem medizinischen Lexikon)*

Kommentar

Die in der Medizin übliche Unterscheidung zwischen Körperfunktionen, die bewußt gesteuert werden können (Skelettmuskulatur), und solchen, die autonom, d. h. vom Willen unabhängig sind (z. B. Drüsentätigkeit etc.), ist generell nicht richtig. Dazu nur zwei Beispiele:
- Zur autonomen Funktion der *Drüsen:* Wenn Sie an ein gutes Schnitzel denken, läuft Ihnen bekanntlich der Speichel im Mund zusammen. Nun ist es aber zweifellos Ihrem Willen bzw. Ihrem Bewußtsein überlassen, ob Sie die Gedanken an das leckere Schnitzel genüßlich pflegen oder nicht. Meiden Sie solche Vorstellungen bewußt, so bewirken Sie augenblicklich eine Verringerung der Speichelproduktion.
- Zur Funktion von quer- und längsgestreifter *Muskulatur:* Der muskulus bizeps untersteht dem Willen; die Gefäßmuskulatur nach allgemeiner Auffassung nicht. Das Erröten, Folge einer Erschlaffung der Gefäßmuskulatur im Gesicht, ist aber zweifellos durch den Willen gleichfalls zu beeinflussen: Wenn Sie mit Gewalt nicht erröten wollen, werden Sie es mit Sicherheit um so heftiger und schneller tun! Der Wille führt hier also zu einer Verstärkung. Umgekehrt ist aber auch durch bewußt eingesetzte Techniken das Erröten zu verhindern: Der Körper realisiert immer die Bilder, die die Psyche vorgibt. Bildhafte Vorstellungen der erwünschten ge-

genteiligen Reaktion führen zur Umprogrammierung der vegetativen Abläufe.
Analog zu den beiden Beispielen werden alle vegetativen, autonomen Körperfunktionen von der Psyche, d. h. von Gedanken und Gefühlen entscheidend beeinflußt: Der Schlaf wird durch Einschlafen-Wollen verhindert, das Immunsystem wird durch Streß-Gefühl geschwächt, Magengeschwür, Herzinfarkt und viele andere Krankheiten sind körperliche Folgen ungünstiger psychischer Verhaltensmuster.
Entscheidend ist die Erkenntnis: Gedanken, Gefühle und Vorstellungen können vom Menschen gesteuert werden, ihre Auswirkungen im körperlichen Bereich unterliegen somit gleichfalls dem „Willen". Lediglich die Technik der Willensbildung ist eine andere. Es gelten hier genau umgekehrte Regeln wie im willkürlichen Bereich: Willensanspannung zur direkten Vermeidung oder Verdrängung von Gedanken oder Gefühlen führt immer zu deren Verstärkung. Nichtbeachtung führt zur Abschwächung bzw. Richten des Willens auf das Gegenteil führt zum Ausbleiben der unerwünschten vegetativen Reaktion.

Praktische Anwendung

Die meisten Menschen beherrschen nur ihre Skelettmuskulatur und sind der Meinung, daß das mit den vegetativ gesteuerten Organen nicht möglich ist. Kein Wunder, solange sogar die Schulmedizin diese Auffassung vertritt.
Gewöhnen Sie sich an den Gedanken, daß die gestörten vegetativen Funktionen genauso trainierbar sind wie die atrophische Skelettmuskulatur nach einem Gipsverband. Nur die Technik ist eine andere! Willensanspannung führt hier genau zum Gegenteil dessen, was gewünscht wird. Positive Gedanken, bildhafte Vorstellungen, unerschütterlicher Glaube – in dieser Reihenfolge an Wirkung zunehmend – führen absolut zuverlässig zu den angestrebten Reaktionen im Bereich aller angeblich „autonomen" Funktionen des Körpers.
Außerdem: Eine solche Therapie negativer Störungen ist nicht nur höchst effektiv, sondern zugleich nebenwirkungsfrei und preisgünstig: „Gedanken sind (bekanntlich) frei!"

Der „Werther-Effekt"

Der Fall

„Suizidforschung.
Anstieg von Selbstmordhandlungen nach Fernsehserie.
In der sechsteiligen Fernsehserie ‚Tod eines Schülers', die das ZDF zweimal – zu Beginn des Jahres 1981 und anderthalb Jahre später, 1982 – ausstrahlte, wurde am Anfang jeder Folge dargestellt, wie sich ein Neunzehnjähriger selbst tötete, indem er sich vor den Zug warf. In der Filmhandlung wurde aus verschiedenen Blickwinkeln geschildert, wie es zum Suizid des Schülers hatte kommen können. Trotz der aufklärerischen Absicht der Fernsehserie häuften sich beide Male in einem Zeitraum von zehn Wochen während und nach der Sendung Suizidhandlungen nach der vom fiktiven ‚Vorbild' im Fernsehen gewählten Methode, dem in über neunzig Prozent der Versuche tödlich endenden Eisenbahnsuizid.
Dies ist das Ergebnis einer Untersuchung von Armin Schmidtke und Heinz Häfner vom Zentralinstitut für Seelische Gesundheit Mannheim. Am deutlichsten erhöhten sich die Eisenbahnsuizide bei den 15- bis 19jährigen männlichen Jugendlichen, die der Titelfigur des Fernsehfilms am ähnlichsten waren. 21 von ihnen nahmen sich 1981 im Zeitraum von 70 Tagen nach der Ausstrahlung des ersten Filmteils auf solche Weise das Leben. Für dieselben Zeitperioden der übrigen untersuchten Jahre von 1976 bis 1984 erreichte – nach Auswertung der Unterlagen der Deutschen Bundesbahn – die durchschnittliche Anzahl der Suizide gerade etwas mehr als ein Drittel dieses Wertes (7,63). Die Eisenbahnsuizide haben also für diese Personengruppe während und nach der Erstausstrahlung der Fernsehserie um 175 Prozent zugenommen.
Die zweimalige Ausstrahlung erlaubte den Mannheimer Wissenschaftlern, in einem ‚natürlichen' Experiment – mit den beiden Filmdarbietungen als herausgehobene Versuchsbedin-

gungen ähnlich wie in einem Laborexperiment – zu zeigen, daß eine im Fernsehen gezeigte, fiktive Suizidhandlung offensichtlich zur Nachahmung anregen kann. Erstaunlich ist dabei, daß sich der Anstieg der Eisenbahnsuizide noch nach mehreren Wochen beobachten ließ; nach den Ergebnissen amerikanischer Studien nahm man bisher an, die Nachahmungswirkung sei auf etwa zehn Tage begrenzt. Aufgrund der schwierigen Datenlage ist aus den Ergebnissen der Studie nicht zweifelsfrei zu entscheiden, ob der als ‚Werther-Effekt‘ bezeichnete, einem fiktiven Vorbild nachgeahmte Selbstmord eine tatsächliche Erhöhung der Suizidhäufigkeit bedeutet oder ob durch das Vorbild lediglich der Zeitpunkt und die Methode des Suizids beeinflußt wird. Für eine durch die Nachahmung als solche bedingte Häufigkeitszunahme der Suizide spricht nach Meinung der Mannheimer Forscher unter anderem, daß die Suizidrate vornehmlich in den Personengruppen steigt, die die größte Ähnlichkeit mit dem Fernsehmodell haben.
(Nach einer Presseinformation des Zentralinstitutes für Seelische Gesundheit, D-6800 Mannheim 1)."
Fortschr. Med. 104. Jg. (1986), Nr. 40.

Kommentar

Der beschriebene Effekt – *körperliche Realisierung von Filminhalten beim Betrachter* – ist im Prinzip ganz und gar nichts Neues:
- Nach jedem Western verläßt ein Teil der meist jugendlichen (männlichen) Besucher das Kino mit dem typischen Gang und Gesichtsausdruck, als hätten sie einen Revolvergürtel um, Cowboystiefel mit Sporen an etc.
- Wird in einem Film viel genußvoll geschlemmt bzw. werden verführerische Speisen gezeigt, so läuft fast jedem Zuschauer unwillkürlich der Speichel im Mund zusammen. Ob nach einem Film die umliegenden Restaurants stärker oder schwächer frequentiert werden, hängt in analoger Weise zweifelsfrei auch vom Filminhalt ab.
- Umgekehrt kann einem ein Film „auf den Magen schlagen" oder Kopfschmerz verursachen. Oder es werden Gelüste

und Konsumvehalten jeder Art geweckt. So wirkten gute Zigarettenwerbung und jede andere Art gekonnter Kinowerbung (leider) sicher umsatzsteigernd (sonst würden sich die Herstellerfirmen ja auch die hohen Kosten sparen).
- Nach TV-Gesundheitssendungen steigt nachgewiesenermaßen regelmäßig die Zahl von Krankenhauseinweisungen, d.h.: Sendungen über den Herzinfarkt o. ä. führen tatsächlich zu einer erhöhten Rate von (echten!) Herzinfarkten o. ä. („Morbus Mohl" – nach dem Leiter des „Gesundheitsmagazin Praxis").

Die zugrundeliegende mentale Gesetzmäßigkeit:

- Jedem Menschen stehen große unterbewußte bzw. unbewußte Kräfte zur Verfügung, die auch unvermeidbar positiv oder negativ zur Wirkung kommen.
- Diese Kräfte werden automatisch durch bildhafte Gedanken mobilisiert und zwar zum Zweck der Realisierung der inneren Gedankenbilder.
- Der Grad der Kräftemobilisierung erfolgt proportional der Intensität der Bilder, d. h. umsomehr, je häufiger, intensiver und emotioneller die Gedanken gedacht werden.

Das wichtigste Detail an diesen psycho-somatischen Automatismen aber ist: Das Unterbewußtsein realisiert die inneren Gedankenbilder unabhängig vom positiven oder negativen Vorzeichen. Anders ausgedrückt: Das Unterbewußtsein kann Gebotszeichen oder Verbotszeichen nicht dechiffrieren. Die Vorstellung eines saftigen Schnitzels bzw. einer erfrischenden bzw. beruhigenden Zigarette, eines kühlen Bieres etc. führt zum Speichelfluß bzw. erhöht den Drang zum Rauchen, zum Einkehren in die Kneipe etc., völlig unabhängig davon, ob

- man sich das Schnitzel aus Vorfreude oder im Zusammenhang mit dem Vorsatz der Gewichtsabnahme vorstellt,
- man sich eben genußvoll eine Zigarette ansteckt oder gerade zum Abgewöhnen eine Anti-Krebs-Broschüre studiert,
- man gesagt bekommt „Prost, gut bekomm's" oder „auf keinen Fall mehr ein Bier, du mußt doch noch Auto fahren":

Entscheidend für die Realisierungskraft von Kino- oder TV-Bildern ist also die Frage, ob die äußeren Bilder auch zu inneren Bildern führen oder nicht. Jeder kennt die beiden Alternativen:
- Wir schalten abends den Fernseher ab und haben im gleichen Moment keinen einzigen Gedanken mehr an das Gesehene übrig (wir schalten also auch innerlich ebenso rigoros ab!).
- Wir sind innerlich von dem Gesehenen total erfüllt, und der Film läuft in uns den ganzen restlichen Abend und manchmal sogar noch an den nächsten Tagen weiter. Wir integrieren uns in die Handlung, erleben alles nach, identifizieren uns mit den gezeigten Personen, schmücken weiter aus etc.

Hier kommt das Gesetz der *Inneren Resonanz* zum Tragen:
Ist dem Zuschauer die im Film gezeigte Thematik bereits geläufig, betrifft sie ihn, so schwingt er schnell mit. Der Film *„fällt auf fruchtbaren Boden"*.

Ist dem Zuschauer bzw. seiner Wesensart die Thematik völlig fremd, so kommt es nicht zur Resonanz. Der Film *„stößt auf taube Ohren"*.

Damit ist klar, warum im zitierten Fall das Selbstmord-Beispiel bevorzugt von solchen Personen aufgegriffen wurde, die der Titelfigur ähnlich waren: Hier waren die Voraussetzungen für die Innere Resonanz am besten, nur hier hatten die äußeren Bilder zur Weiterexistenz in Form innerer Bilder geführt! –
Die Nahrung innerer Bilder mit Realisierungskraft sind u. a. Identifikation und Motivation. Diese gelingen umso besser, je besser der Boden durch den bisherigen individuellen Lebenslauf vorbereitet war.

Von besonders erhellender Bedeutung ist die besprochene Tatsache, daß die Nachahmungswirkung nicht auf 10 Tage beschränkt ist, sondern Wochen andauert. Dieser Umstand zeigt noch einmal das Entscheidende ganz klar: Gedanken erhalten nur dann eine hohe Realisierungstendenz, wenn sie nicht flüchtig, sondern intensiv sind. Die bis zum tatsächlich durchgeführten Selbstmord notwendige Intensität setzt aber notwendigerweise *Zeit* voraus. Nachdem die Thematik auf fruchtbaren Boden gefallen ist, muß der Samen erst mal angehen bzw. keimen und das junge Pflänzchen wachsen! Gedanken werden erst dann zu potenten Kräften, wenn sie immer wieder gedacht, sie mehr und mehr zum Leben erweckt werden, sie immer farbiger und plastischer ausgestaltet werden. Solche innere Gestaltungsarbeit aber ist nicht in Minuten oder Stunden zu erledigen. Erst nach Tagen bis Wochen kann das innere Gedanken-Drama so detailliert und perfekt gestaltet sein, daß es als inneres Programm für unsere unterbewußten Realisierungskräfte zu – positiven oder negativen – überragenden Ergebnissen führt.

Praktische Anwendung

- Filme und Bilder führen automatisch zu Gedanken, Gedankenbildern, Gedankenfilmen oder Träumen. „Träume sind Schäume" sagt der Volksmund. Während Sprichwörter meistens eine tiefe Wahrheit enthalten, irrt der Volksmund hier entscheidend! Von intensiven Träumen (das ist was anderes als unverbindliche Phantasien!) ist es bis zu ihrer Realisierung nach unbeeinflußbaren psychosomatischen Gesetzmäßgkeiten nur ein kleiner Schritt!
- Wer diese Gesetze kennt und um die enorme Wirkung eines Fernsehfilms weiß, ist sich darüber im klaren: Es ist von großer praktischer Bedeutung, ob man nach einem Film innerlich sofort abschaltet oder gedanklich nachhaltig beeindruckt ist. Wichtig: Gedanken kann man einerseits willentlich „abblocken" bzw. Ablenkung suchen oder sich Gedankenbildern willenlos hingeben oder sie sogar bewußt fördern! Wer sich die Anstrengung der bewußten Gedankenlenkung ersparen will, kann schon vorher entscheiden, ob er auf den Schalter des Fernsehers drückt und ob es gut

ist, sich dauernd mit deprimierenden Nachrichten zu speichern.
- Jede Botschaft an andere mit dem Ziel einer Verhaltensänderung darf nicht negativ, sondern muß positiv verpackt sein:
  - Mit *Warnen* erreicht man das Gegenteil dessen, was man erreichen will.
  - *Verbieten* ist das schlechteste, Motivieren das beste Erziehungsmittel.
  - *Drohen* ist falsch, loben ist richtig.
  - *Ermahnen* muß durch Ermutigen ersetzt werden.
  - *Abschreckung* durch ein negatives Beispiel funktioniert nie (wie das zitierte Beispiel zeigt).
  Der „Struwwelpeter" ist daher das pädagogisch schlechteste Kinderbuch, und Verbote müßten grundsätzlich durch Gebote, besser noch begeisternde Motivation ersetzt werden.
- Die Gesetzmäßigkeiten, die im zitierten Beispiel so unheilvolle Folgen (nämlich Selbstmord) hatten, gelten genauso in umgekehrter Weise und können daher ebenso gut zu positiven Zwecken genutzt werden! Der einfachste Weg zu einem reellen Ziel führt über die möglichst intensive und realistische vorherige Schaffung in Gedanken. – Inszenieren Sie nie wieder innerliche Tragödien, sondern werden Sie Spezial-Regisseur für mentale Erfolgs-Filme!

Die „Kraft, sich innerlich loszureißen"

Der Fall

„New Yorker Masters: Boris Becker startete mit klarem Sieg. Keine Chance für den Schweden.
Nicht der Sieg hatte Ausstrahlung, es war der Sieger, und der hieß Boris Becker. Mit einem souveränen 6:1, 6:3 über den Schweden Joakim Nystroem begann der Wimbledongewinner die Punktspiele in seiner sogenannten „Donald Budge"-Gruppe um den Masters-Titel der acht weltbesten Tennisprofis im New Yorker Madison Square Garden.
Edberg besitzt das gleiche spielerische Potential wie Becker, doch nicht *jene innere Kraft, sich vom Anblick einer Niederlage loszureißen.*"
(Westfalen-Blatt, Freitag 5. Dezember 1986).

Kommentar

Der aufmerksame Leser kann schon in der Tageszeitung das entscheidende Rezept für Erfolg finden. Die Zauberformel: Die „innere Kraft, sich vom Anblick einer Niederlage loszureißen".
Das meßbare Können eines Menschen ist also nicht das Entscheidende. Dementsprechend stellt der (sehr lebenskluge) Journalist ja auch fest, daß Edberg das gleiche spielerische Potential wie Boris Becker besaß. Entscheidend ist die mentale Kraft, innere Zielbilder aufzubauen, weil dem Willen nicht unterstehende große Reserven an Kräften und Können gesetzmäßig zur Realisierung von Gedankenbildern aktiviert werden.
Der entscheidende Unterschied zwischen den beiden Kontrahenten mit gleichem Können war also der:
– Der eine beschäftigte sich gedanklich überwiegend mit eigenen Fehlern, eventuellen Fehlentscheidungen des Schieds-

richters etc., also mit verpaßten Chancen. Seine Gedanken waren somit in schädlicher Weise zu viel in die (negativ erlebte) Vergangenheit gerichtet.
Die klare Folge: Auf das Denken an Fehler reagierten die inneren Gestaltungskräfte mit Fehlern.
- Der andere beschäftigte sich gedanklich überwiegend mit den jeweils bevorstehenden Spielzügen, also mit den zu nutzenden kommenden Chancen. Seine Gedanken waren somit in förderlicher Weise überwiegend auf die (positiv vorgestellte) Zukunft gerichtet.
Die klare Folge: Auf das Denken an Erfolg reagierten die inneren Gestaltungskräfte mit Erfolg.
Der Journalist hat es also erfaßt und optimal formuliert: „Edberg besitzt (bzw. besaß zu jenem Zeitpunkt) das gleiche spielerische Potential wie Becker, jedoch nicht jene innere Kraft, sich vom Anblick einer Niederlage loszureißen." Es ging um die *innere Kraft der Gedankenlenkung,* weg von eben verpaßten Chancen, hin zu möglichen bevorstehenden Chancen. Bekkers Erfolg basierte auf seiner Fähigkeit, Fehler sofort zu akzeptieren und im Handumdrehen „wegzustecken". Dadurch war sein Kopf frei für aufbauende Gedanken. Becker ärgerte sich nicht lange über seinen eben erfolgten schlechten Aufschlag, sondern konzentrierte sich stattdessen sofort wieder auf den jetzt aktuellen Retourn. Auch ohne Kenntnis psychologischer Gesetze leuchtet es jedem ein, daß der Körper besser mit Aufgaben fertig wird, auf die sich der Geist konzentriert, während optimale Leistung nicht möglich ist, wenn der Geist damit beschäftigt ist, den Körper vor Schreck erstarren oder aus Ärger sich verkrampfen zu lassen.
Es handelte sich beim New Yorker Masters also nicht um ein Match, das schlicht und einfach der Bessere gewann. Siehe das Zitat: „Nicht der Sieg hatte Ausstrahlung, es war der Sieger", der dadurch imponierte, daß er der mental Stärkere war und die Macht der Gedanken besser nutzte.

Praktische Anwendung

Die Bedeutung der dargestellten psycho-somatischen Zusammenhänge beschränkt sich nicht auf Tennis-Turniere, auch nicht generell auf sportliche Leistungen. Sie spielen in unserem Alltag eine permanente Rolle. Nehmen wir nur das Beispiel des *Sich-Ärgerns:*
Wer sich ärgert, dessen innerer Blick ist auf eine eben erlebte Niederlage fixiert. Dadurch sind alle Gestaltungskräfte negativ programmiert. Wer die Angewohnheit hat, sich über jede Kleinigkeit zu ärgern, ist daher unweigerlich unglücklich, erfolglos und krank.
Worauf es auch hier, wie im Tennis-Match Becker gegen Edberg, entscheidend ankommt: auf „jene innere Kraft, sich vom Anblick einer Niederlage loszureißen".

Die Wand

Der Versuch

„Solange man sich mit aller Kraft gegen eine Wand stemmt, spürt man, wie die Wand mit gleicher Intensität zurückdrückt. Verstärkt man den eigenen Druck, drückt auch die Wand stärker.
Der Vergleich mag banal klingen, und dennoch stehen fast alle Menschen an irgendeiner Wand, drücken mit allen Kräften und beschweren sich gleichzeitig lautstark über den Druck der Wand. Eigene Widerstände aufgeben ist theoretisch so einfach, fällt aber dem Menschen unglaublich schwer. Denn alle Menschen sind zutiefst davon überzeugt, daß sie, um im Bilde zu bleiben, gegen diese Wand drücken müssen, weil „die Wand gegen sie drückt", und daß beim Nachlassen des eigenen Widerstandes die Wand unweigerlich über sie stürzen müsse. Hier liegt aber die Täuschung. Man probiere bitte selbst das Beispiel mit der Wand aus, um das Problem gänzlich zu verstehen. Tatsächlich hat man den Eindruck, die Wand würde gegen einen drücken, weshalb man sich gezwungen fühlt, den eigenen Druck zu erhöhen."

Kommentar

- Es ist sinnvoll, sich **(kurzfristig!!)** gegen eine einstürzende Mauer zu stemmen, bis Hilfe gekommen bzw. die Gefahr gebannt ist. Auf das tägliche Leben übertragen, heißt das: Es ist sinnvoll, sich mit allen Kräften zu bemühen bzw. zu kämpfen, solange man etwas bewirken bzw. ändern kann. Auch Emotionen wie Angst, Schreck, Sich-Sorgen sind primär biologisch sinnvolle Reaktionen, wenn sie zur Abwehr schädigender Einflüsse dienen.
- Heutzutage machen sich aber die meisten Menschen **(andau-**

ernd!!) Sorgen, haben Angst, grübeln, sind verschreckt – ohne einen konkreten Grund zu haben oder ohne damit irgendwas zu verändern.

Sie verhalten sich damit so wie in dem zitierten Beispiel: Sie stemmen sich andauernd gegen eine Wand!

Zwar wird durch die psychische Fehlhaltung äußerlich nichts bewirkt. Im Körper aber führt die dauernde Anspannung und Verkrampfung zu psychischen, vegetativen und somatischen Schäden.

Der gewohnheitsmäßige Druck gegen eine Mauer ist eine der häufigsten Formen seelischen Fehlverhaltens bzw. **falschen (negativen) Denkens.** Unbegründete Sorgen, Ängste, depressive Grundhaltung sind die wichtigsten Krankheitsursachen unserer Zeit.

Praktische Anwendung

„Die Lösung besteht darin, die Hände von der Wand wegzunehmen. Der Druck der Wand wird dann ganz von selbst verschwinden."

„Um die Täuschung zu durchschauen, muß man den Mut haben, loszulassen."

Beim Loslassen von unnötigen und uneffektiven Sorgen, Ängsten, Befürchtungen werden sinnlos gebundene Energien frei für seelisches Glück, körperliche Gesundheit, gesellschaftlichen bzw. beruflichen Erfolg.

Literatur
Thorwald Dethlefsen: Schicksal als Chance. Goldmann Taschenbuch 11723 (1985). S. 76/77.

Altern durch Autosuggestion

Das Beispiel

„Der Psychologe Tom L. Smith an der amerikanischen Universität Denver hat bei jungen Männern Symptome von Senilität hervorgerufen, indem er sie einfach von anderen Versuchsteilnehmern geringschätzig und „wie alte Leute" behandeln ließ. Die Testpersonen, Männer zwischen 18 und 22, zeigten typische Alterserscheinungen, nachdem man ihre Ideen und Ansichten wiederholt ignoriert oder lächerlich gemacht hatte. „Unsere Experimente zeigen, daß Senilität nicht nur eine biologische Erscheinung ist", konstatiert Smith. „Sie tritt auch auf, wenn man jemanden so behandelt, als sei er geistig minderbemittelt."

Barmer Brücke (Wuppertal) 1983.

Kommentar

Die inneren Gestaltungskräfte des Menschen arbeiten höchst effektiv und unablässig an der Realisierung des Bildes, das der Mensch von sich hat. Der Ablauf des Lebens eines Menschen hängt davon ab, was er denkt (1), was er sich bildhaft vorstellt bzw. „ausmalt" (2) und wovon er überzeugt ist bzw. woran er glaubt (3) (aufgezählt in der Reihenfolge zunehmender Wirksamkeit). Das gilt in positiver wie negativer Hinsicht. Wer immer an „Krankheit" denkt, wird sicher krank, wer immer das Bild selbstverständlicher Gesundheit vor Augen hat, bleibt sicher gesund. Die Gedanken des Menschen sind in hohem Maße von außen zu beeinflussen durch Worte und Gesten, Handlungen anderer Menschen. Suggestion selbst ist unwirksam, wenn sie nicht Autosuggestion auslöst. In den o.g. Versuchen wurden die Probanden *nicht direkt* durch äußere Einflüsse senil, sondern weil ihr Unterbewußtsein das von außen suggerierte Bild der Senilität unkritisch als bildhafte Vorstellung übernommen (und damit automatisch realisiert) hat. (Schon vor 100 Jahren hatte Mulford – in konsequenter gedanklicher Weiterführung solcher Erkenntnisse – behauptet, daß der Mensch nur deshalb sterben muß, weil er denkt oder glaubt, sterben zu müssen!)

Praktische Anwendung

Nehmen wir einmal an, Ihre Frau wäre dick und phlegmatisch oder faul und schlampig, und Sie hätten sie vielleicht lieber schlank und fleißig, adrett und lebenslustig.
Es gibt zwei Möglichkeiten, wie Sie sich verhalten können:
- Sie sagen: „sei doch um Gottes Willen nicht so schrecklich dick und phleg ..." etc.
  Die klare Folge: Ihre Werteste wird immer dicker und schlampiger werden.
- Sie sagen: „Du bist heute doch tatsächlich schon wieder ein bißchen schlanker, fleißiger ... etc.
  Sie können sicher sein: ihr Unterbewußtsein kann gar nicht anders, als auch diese Suggestion zu realisieren.

Wünschen und Wollen

Das Beispiel

Patient A. **will** wieder gesund werden (mit ganzem Einsatz seines Willens).
Folge: Sein Leiden verschlechtert sich.
Patient B. **wünscht** sich, wieder gesund zu werden (mit großem emotionellem Einsatz).
Folge: Sein Wunsch wird bald Realität.

Kommentar

Die auf den ersten Blick sicherlich befremdliche Behauptung wird schon klarer, wenn man ein *analoges Beispiel* betrachtet:
- Patient A. geht zu Bett mit dem Gedanken: „Ich **will** jetzt einschlafen!" Die bekannte Folge: er wird unweigerlich immer wacher und wacher.
- Patient B. dagegen **wünscht** sich den Schlaf herbei, das heißt, er nährt das Bild des wohligen Schlafes in sich, entspannt und ohne jede Willensanstrengung. Die Folge: Er schläft komplikationslos ein.

Die unbewußt ablaufenden vegetativen Körperfunktionen reagieren gesetzmäßig auf intensive Gedanken und bildhafte Vorstellungen:
- Positives Beispiel: Freudige Vorstellung vom Essen – der Speichel läuft im Munde zusammen.
- Negatives Beispiel: vor Angst erstarren, vor Neid erblassen etc.

Wünschen ist als gefühlsbetontes inneres Ausmalen erstrebter Ziele eine Kraft ersten Ranges und mobilisiert zuverlässig die inneren Gestaltungskräfte (bzw. die natürlichen Heilkräfte). „Je heißer ein Wunsch ist, je lebendiger er die Phantasie und

das Gefühl beflügelt, sie schwingen läßt, umso gewisser ist seine Umsetzung in die Wirklichkeit." (Schellbach)
Wollen, d.h. der Einsatz des Willens, setzt dessen Notwendigkeit voraus. Wer mit Anstrengung einschlafen will, hat in Wirklichkeit das Bild des Nicht-Einschlafen-Könnens in sich, und dieses Bild wird wiederum zuverlässig bzw. gesetzesmäßig realisiert. Gesund werden „wollen" heißt, das innere Bild des Krankseins zu nähren bzw. die natürlichen Heilkräfte zu lähmen.

Praktische Anwendung

- Es wäre falsch, zu einem, der sich ungeschickt anstellt, oder zu einem Kranken zu sagen: „Nehmen Sie sich doch zusammen!" Der Wille ist zwar ein wichtiges Instrument im Bereich bewußter Vorgänge. Die unterbewußten Mechanismen reagieren auf Willensanstrengung (= gegensätzliche innere Bilder) aber widersätzlich.
- Richtig sind dagegen positive Formulierungen:
  „Ich bin sicher, Sie schaffen das schon!" „Ganz klar, Sie sind in 2 Wochen gesund!" etc. Gestalten sich Ihre Worte im Gesprächspartner zu einem Bild, wird dieses automatisch realisiert.

Die Kritik-Falle

Das Experiment

In Anfänger-Schulklassen wurde der Einfluß von Lob und Ermahnung auf das Verhalten der Kinder untersucht. Mit zunehmender Häufigkeit der Ermahnung „Setzt Euch" nahm die Zahl der aufstehenden Kinder statistisch signifikant zu:
„In einem Versuch verwandelten wir eine ‚gute' Klasse für ein paar Wochen in eine ‚schlechte'. Wir veranlaßten den Lehrer, die Kinder nicht mehr zu loben. Als der Lehrer die Kinder nicht mehr lobte, nahm das unerwünschte ‚Störverhalten' von 8,7% bis zu 25,5% zu. Als wir den Lehrer baten, die Kinder anstatt 5mal in 20 Minuten 16mal in 20 Minuten zu rügen, war das Störverhalten sogar noch stärker. Es nahm bis zu einem Durchschnitt von 31,2% zu und lag an manchen Tagen bei über 50%. Das ‚Störverhalten' nahm durch die Aufmerksamkeit, die man diesem Verhalten schenkte, noch zu."

Kommentar

Das Unterbewußtsein des Menschen arbeitet permanent an der Realisierung dessen, worauf seine Aufmerksamkeit gelenkt wird (bzw. worauf er selbst seine Aufmerksamkeit lenkt). Die entscheidende Erkenntnis dabei: Dieses Gesetz gilt im positiven wie im negativen Sinn!
Wenn Sie jemanden (oder sich selbst) zu einer Änderung des Verhaltens motivieren wollen, können Sie das, indem Sie *kritisieren*, also die Aufmerksamkeit auf das Negative des unerwünschten Verhaltens lenken. In dem Bestreben, das kritisierte Verhalten deutlich zu machen und den Kritisierten selbst von der Notwendigkeit der Verhaltensänderung zu überzeugen, arbeiten Sie die nachteiligen Aspekte bewußt und gewollt bzw. leicht übertrieben heraus. Das Resultat: Es passiert – gegen

den Willen des Getadelten – eher das Gegenteil dessen, was Sie bezweckt haben. Denn das Unterbewußtsein geht um so tatkräftiger an die Realisierung innerer Bilder, je plastischer sie gestaltet werden (ohne sich um positive oder negative Vorzeichen zu kümmern, denn hier ist ausschließlich die Intensität des Erlebens und nicht die moralische Bewertung der bildhaften Vorstellung wirksam!).

Sie können aber stattdessen auch die positiven Ansätze suchen und jeden kleinsten Anlaß wahrnehmen zu *loben*. Hier lohnt es sich nun zu übertreiben: Malen Sie das positive Verhaltensbild in den buntesten Farben. Je überzeugender Sie sind, umso besser und schneller erfolgt die Realisierung der Gedankenbilder.

Praktische Anwendung

Jedes Ding im Leben hat bekanntlich zwei Seiten. Gewöhnen Sie sich an, die Aufmerksamkeit grundsätzlich auf den positiven Aspekt zu lenken. Dadurch wirken Sie aufbauend anstatt zerstörend.

- Meiden Sie – im Umgang mit Ihren Kindern, Ihrer Frau, Ihren Mitarbeitern etc. – die **Kritikfalle!!**
- Trainieren Sie stattdessen systematisch die **Kunst des aufbauenden Lobens.**

Literatur
W. C. Becker: Spielregeln für Eltern und Erzieher. Nr. 9. Aus der Reihe „Leben lernen". Verlag J. Pfeiffer, München, 1977.

Gedanken und Krankheit

Das Zitat

- „Jede Imagination ist eine unsichtbare Realität!
- Der kranke Geist erzeugt einen kranken Leib. Die Majorität der Kranken bettet sich geistig das Krankenlager in mühsamer, jahrelanger Vorarbeit.
- Erwarte nie Krankheit oder Schmerzen für morgen, mögen Krankheit oder Schmerzen heute noch so arg gewesen sein, für morgen erwarte nur Gesundheit und Kraft.
- Wer eine schlechte Lunge hat, schlechte Zirkulation, irgendeinen organischen Defekt, muß sich aufs äußerste dagegen sträuben, gerade das geschwächte Organ immer als krank und schonungsbedürftig im Bewußtsein herumzuschleppen. Sieh dich nie als Patient zwischen aufgestapelten Kissen ans Bett gefesselt, und sollte es auch zur Zeit der Fall sein! Wer sich tennisspielend oder im Wettlauf sieht, arbeitet damit an seiner Genesung.

Kommentar

Diese Gedanken Mulfords (1843–1891) gipfelten in seiner Theorie, daß wir nur deswegen altern und sterben, weil wir denken bzw. glauben, daß wir sterben müssen (womit sicherlich ein angeborener „vererbter" Glaube gemeint ist, von dem sich das einzelne Individuum nicht einfach lossagen kann). Auch wem diese Theorie zu weit geht, kommt an der Tatsache nicht vorbei, daß Gedanken Kräfte mit Realisierungseffekt im körperlichen Bereich sind, wie ja schon die tägliche Erfahrung zeigt:
- „Die Vorstellung war niederschmetternd."
- „Die Angst hat ihn gelähmt."
- „Er wurde blaß vor Neid."

- „Vor Ärger lief ihm die Galle über."
- „Der Gedanke brach ihm das Herz."
- „Bei dem Gedanken lief ihm der Speichel im Mund zusammen" etc. etc.

Praktische Anwendung

- Leihen Sie einem Kranken, der jammern will, nicht Ihr Ohr!
- Bedauern Sie einen Kranken nie!
- Der beste Umgang für Kranke sind Gesunde!
- Beschäftigung mit der jetzigen Krankheit vermeiden, am Bild der künftigen Gesundheit arbeiten.

Literatur
Prentice Mulford: Your forces and how to use them.

„Kränkung"

Das Beispiel

Das von uns allen häufig benutzte kurze Wort „Kränkung" beinhaltet eine lange und komplette pathogenetische Kette seelisch-körperlicher Mechanismen: Am Anfang dieser Kette steht das kränkende Wort der Person A., am Ende der Kette die dadurch verursachte „Kränkung" (= Krankheit) der Person B. Da die Worte von A. nicht unmittelbar kränken (also z. B. einen Ulcus [Magengeschwür] verursachen) können, stellt sich die Frage nach den Zwischengliedern.

Kommentar

Die zwischen Wort und Krankheit liegenden psychischen Mechanismen unterliegen klaren Gesetzmäßigkeiten. Sie reagieren nicht auf objektive Realitäten oder den Willen, sondern sie realisieren ausschließlich die *Gedanken* des Betreffenden. Die *Realisationskraft* ist besonders stark bei wiederholtem Denken gleichen Inhalts, bei bildhaften Vorstellungen, ganz besonders bei Überzeugung bzw. Glauben.
Die kränkenden Worte sind bei B. nicht „zum einen Ohr hinein, zum anderen hinausgegangen", sondern man hat sie sich „zu Herzen genommen". Gekränkte Menschen „grübeln" (= intensiv) und „nachtragend" (= lange) über den Inhalt der Kränkung oder die kränkende Person nach und heizen damit nachhaltig ihre inneren Gestaltungskräfte an. Sie vergessen dabei die Umwelt und verlieren sich ganz in ihren plastischen Gefühlsorgien von Schuld bzw. Haß oder Rache gegen die kränkende Person. Diese innerlich inszenierten dreidimensionalen und superfarbigen Breitleinwand-Filme (Typ Tragödie oder Katastrophenfilm) werden für das Unterbewußtsein lebhafte Realität. Das von unterbewußten Mechanismen ge-

steuerte Vegetativum paßt sich nun – das ist seine physiologisch durchaus sinnvolle Reaktionsweise – diesen Realitäten an: B. wird „sauer" und „es schlägt ihm auf den Magen". Oder „es läuft ihm eine Laus über die Leber" bzw. „es läuft ihm die Galle über".

Praktische Anwendung

Solche kausalen Zusammenhänge zwischen Worten, Psyche und Organfunktion sind nicht nur der modernen psychosomatischen Medizin bekannt, sondern – wie die Redewendungen demonstrieren – seit Jahrhunderten allgemeiner Erfahrungsschatz. Wenn nun unzweifelhaft negative Worte krank machen können, ist logisch daraus zu folgern, daß – durch die gleichen Mechanismen – positive Worte gesund machen können. Ist ein Patient voller Hoffnung, so arbeitet sein „Innerer Arzt" (Paracelsus) unablässig an der Realisierung seiner positiven Vorstellungsbilder (während bei einem deprimierten, niedergeschlagenen oder hoffnungslosen Patienten das Gegenteil der Fall ist). Es ist daher von entscheidender Bedeutung, daß die Gedanken eines Kranken auf Gesundheit programmiert werden und das Programm „Krankheit" gelöscht wird.

Der Anfang vom Ende
Über Grübler und Hypochonder

Das Experiment

„Übung Nr. 3: Im Sessel sitzend, blicken Sie bitte durchs Fenster in den Himmel. Mit etwas Geschick werden Sie in Ihrem Blickfeld bald zahlreiche winzige, bläschenartige Kreise wahrnehmen, die bei Stillhalten der Augen langsam nach unten sinken, beim Zwinkern aber wieder hinaufschnellen. Bemerken Sie ferner, daß diese Kreise immer zahlreicher und größer zu werden scheinen, je mehr Sie sich auf sie konzentrieren. Erwägen Sie die Möglichkeit, daß es sich um eine gefährliche Erkrankung handelt, denn wenn die Kreise einmal Ihr ganzes Gesichtsfeld ausfüllen, werden Sie äußerst sehbehindert sein. Gehen Sie zum Augenarzt. Er wird Ihnen zu erklären versuchen, daß es sich um die ganz harmlosen „mouches volantes" handelt. Nehmen Sie dann entweder an, daß er Masern hatte, als diese Krankheit in der Universitäts-Augenklinik den Medizinstudenten seines Jahrgangs erklärt wurde, oder daß er Sie aus reiner Nächstenliebe nicht vom unheilbaren Verlauf Ihrer Krankheit informieren will.

Übung Nr. 4: Sollte die Sache mit den mouches volantes nicht recht klappen, so brauchen Sie die Flinte noch lange nicht ins Korn zu werfen. Unsere Ohren bieten eine gleichwertige Ausweichlösung. Gehen Sie in einen möglichst stillen Raum und stellen Sie fest, daß Sie plötzlich ein Summen, Surren, leichtes Pfeifen oder einen ähnlichen, gleichbleibenden Ton in Ihren Ohren feststellen können. Unter normalen Alltagsbedingungen ist der Ton zwar durch die Umweltgeräusche überdeckt; mit entsprechender Hingabe dürften Sie es aber fertigbringen, den Ton immer häufiger und lauter wahrzunehmen. Gehen Sie schließlich zum Arzt. Von hier ab gilt Übung Nr. 3."

Kommentar

In herrlich ironischer Formulierung wird hier (anhand von insgesamt 7 „Übungen") ein typischer pathogenetischer Mechanismus diverser Erkrankungen geschildert. In der Praxis sieht das häufig so aus: Patienten lesen oder hören in den Medien über irgendwelche Krankheiten und verspüren bald die geschilderten Symptome am eigenen Leib. Oder der Patient hat irgendwelche harmlosen Beschwerden und grübelt konsequent solange darüber nach, bis er „das Schlimmste befürchtet" und „aus der Mücke einen Elefanten gemacht" hat.
Durch übermäßige Beachtung werden körperliche Symptome produziert! Das Besondere daran: Mögen diese anfangs nur eingebildet und nach Ablenkung des Interesses sofort reversibel sein, so werden sie bei Fortsetzung des mentalen Fehlverhaltens immer mehr somatisch fixiert. So steht z. B. beim Ulcus (Magengeschwür)–Patienten am Anfang der pathogenetischen Kette ein psychisch negatives Reaktionsmuster, dann folgt zeitweilige bzw. dauernde Hyperazidität (Überproduktion von Magensäure), schließlich kommt das Ulcus (Geschwür), der Magendurchbruch, die Operation, die Operationsfolgen – und durch übermäßige Beachtung letzterer beginnt das Spiel von vorne bis zu einem definitiven Ende, das so harmlos wie in den zitierten Beispielen begann.

Praktische Anwendung

Negative Gedanken, pessimistische Grundeinstellung, sachlich unbegründete Angst, bildhafte Vorstellungen negativer Inhalte und Unheilsvisionen sind äußerst wichtige Ursachen von Krankheiten bzw. deren wesentlicher Verstärkung.
Besonders häufig und folgenträchtig sind gedankliche Aktivitäten, die wir als „Grübeln" bezeichnen, dessen perfekte Durchführung einleitend erklärt wurde.
Die Auslöser für ausgedehnte Grübeleien, großartige „Gedanken-Filme" und farbigste Schreckensvisionen sind oft nur Kleinigkeiten. Aber schon ein kleiner ins Wasser geworfener Kieselstein führt zu sich weit ausdehnenden konzentrischen Wellen.

Man wehre daher schon den Anfängen:
- Lieber gesund leben als sich dauernd mit Krankheiten beschäftigen!
- Klare Krankheitssymptome nicht verdrängen, aber auch übertriebene Selbstbeobachtung vermeiden!
- Sich informieren ist gut, z. B. über gesunde Lebensweise; aber nicht dauernd Berichte über Krankheiten sehen oder lesen.
- Meiden Sie Menschen, deren Lieblingsthema eigene Krankheiten und fremde Krankengeschichten sind.
- Betrachten Sie den Arzt und die Medizin nicht als Konsumartikel.

Wenn ein Arztbesuch notwendig ist, sollte man folgende Regeln beachten:
- Nicht-verstandene Fachwörter bzw. Fremdwörter oder z. B. anscheinend bedeutungsvolle Blicke oder Gesten nicht fehlinterpretieren und als Kristallisationspunkt für Grübeleien aufgreifen.
- Nicht-verstandene Erklärungen des Arztes nicht „in den falschen Hals bekommen", sondern lieber rückfragen!
- Den Arzt nicht – z. B. durch Übertreibungen – unter Erfolgszwang setzen. Denn: Wer lange sucht, wird irgendwann etwas (evtl. eine bedeutungslose, aber willkommene Erklärung) finden.
- Andererseits nicht bagatellisieren und den Sorglosen spielen, weil das den Arzt evtl. reaktiv zu Übertreibungen zwingt, um sich Ihre Mitarbeit zu sichern.

Literatur
P. Watzlawick: Anleitung zum Unglücklichsein. Piper Verlag, München. 1983.

Psychogener Tod

Das Beispiel

- „Das australische Baumhörnchen, Tupaja, ist ein schreckhaftes Tier. Setzt man ein schwaches Männchen in einem Käfig mit einem starken Männchen zusammen, so regt sich das schwache Tier ständig auf, kenntlich am Sträuben der Schwanzhaare. Wenn das Tier einen Tag lang diesen Streß erlitten hat, stirbt es, und zwar durch einen Ausfall der Nierenfunktion."
- „Bekannt ist der sogenannte Voodoo-Tod bei Naturvölkern. Ein markantes Beispiel: Ein Eingeborener bekommt Streit mit dem Medizinmann. Dieser sagt ihm, er werde in naher Zukunft, zu einer genau angegebenen Stunde, sterben. Der Eingeborene zieht sich kurz vorher in seine Hütte zurück und stirbt."

Kommentar

Während vor Jahrzehnten die Behauptung von Einflüssen der Psyche auf den Körper noch auf erhebliche Skepsis stieß, werden heute nur noch Mechanismus (a), Ausmaß (b) und Bedeutung (c) diskutiert:

Zum Mechanismus (a):
Jeder Gedanke, der uns intensiv, emotionell, bildhaft erfüllt, hat Realisierungstendenz im körperlichen Bereich: Das besagt das
- „Gesetz der Gedankenverwirklichung" nach Coué, das
- „Prinzip der Psycho-Kybernetik" nach Maltz, das
- „Gesetz der Ideomotorik" nach Carpenter.

Diesen Gesetzen sind wir tagtäglich unterworfen, wenn wir z. B. rot werden aus Scham, blaß werden vor Schreck, aus

Angst schwitzen etc. – um nur wenige physiologische Auswirkungen von Gedanken an der Haut zu erwähnen.
Durch Hypnose, die über Autosuggestion (also Gedanken des Hypnotisierten) wirkt, können bekanntlich Brandblasen provoziert werden – um ein Beispiel pathologischer Auswirkungen von Gedanken an der Haut zu erwähnen.

Zum Ausmaß (b):
Zwischen Brandblasen und Todesfällen psychischer Ursache besteht nur noch ein gradueller Unterschied.
Da spektakuläre schwere und akute Fälle wie die beiden zitierten relativ selten sind, (bei den rel. häufigen Todesfällen durch schweren Unfallschock ist allerdings die Frage, inwieweit psychische oder primär-körperliche Folgen für das letale Kreislaufversagen verantwortlich sind), werden leichte und chronische Fälle von vielen Menschen ignoriert:
– *leichte Fälle:* Ausnahmslos jeder Gedanke hat körperliche Auswirkungen, wenn diese auch so gering und relativ unbedeutend sind wie die jeweils auslösenden Vorstellungen.
– *chronische Fälle:* Akute Todesfälle sind zwar eine Rarität; aber sind tödliche Ausgänge tatsächlich noch als selten einzustufen, wenn man auch Verläufe über Jahrzehnte (tödlich endende Krankheiten durch negatives Denken) in seine Betrachtungen miteinbezieht?

Zur Bedeutung (c):
Wenn die Vorstellung einer Brandblase zur Brandblase und Schreck bzw. Streß oder Angst bzw. Überzeugung zum Tode führen können, müssen logischerweise umgekehrt auch (psychische wie körperliche) Krankheiten durch psychische Einflüsse heilbar sein.

Praktische Anwendung

Da wir weder australische Baumhörnchen noch Eingeborene in einer Voodoo-Kultur sind, fällt ein Bezug der Beispiele auf unsere heutige moderne Zeit vielleicht schwer. Aber analoge Beispiele sind leicht zu finden:
Die Situation des Tupaja entspricht z. B. sehr weitgehend derjenigen

- eines Mieters, der mit seinem Hauswirt in ständigem Streit lebt (bzw. entsprechenden Prozeßgegnern);
- eines Hausbesitzers, der mit dem Nachbarn einen jahrelangen Kampf über den gemeinsamen Gartenzaun austrägt;
- von Ehepartnern, die eine dauerhafte unglückliche Ehe führen:

„Falscher Partner: Körpereigenes Abwehrsystem geschwächt.
Eine unglückliche Ehe beeinträchtigt nicht nur das seelische Gleichgewicht. Auch die körpereigene Immunabwehr leidet, wenn es im Verhältnis zum Partner kriselt, meint die amerikanische Psychologin Janice Kiecolt-Glaser. Labortests bei 38 verheirateten Frauen ergaben eine deutlich verringerte Immunreaktion der in der Ehe unzufriedenen Versuchsteilnehmerinnen. Fazit der englischen Fachzeitschrift „New Scientist": Wer mit dem ungeliebten Partner zusammenbleibt, riskiert eine Schwächung seiner körpereigenen Abwehrkräfte. Die Auflösung einer solchen Beziehung dagegen läßt sich mit der Zeit verkraften" (reform-rundschau 11/86).

Die Situation der suggestiven Beeinflussung durch den Medizinmann entspricht heute
- dem völlig gesunden Patienten, dem nach einer Verwechslung von Befunden vom Arzt eine tödliche Krebserkrankung mitgeteilt wird;
- dem Fall von Menschen, die fest an ihr Horoskop glauben;
- in geringem Ausmaß dem Effekt von Werbung, der Suggestivkraft von Gesundheitssendungen, Drohungen bei der Kindererziehung und bereits alltäglichen Sätzen wie: „Laß ja nicht das wertvolle Geschirr fallen" (mit der Folge, daß die Gefahr des Stolperns dadurch viel größer wird) oder: „Du wirst Dich noch zu Tode rasen" oder: „Dein Wagemut wird Dir bald den Hals brechen".

Vermeiden Sie daher Situationen wie die beschriebenen.

Literatur
Schäfer, Hans: Dein Glaube hat dich gesund gemacht. Religion und Medizin im Wechselspiel. Herderbücherei. Band 1087. Freiburg, 1984.
Stumpfe, K. D.: Der psychogene Tod, Hippokrates, Stuttgart, 1973.

Problem und Chance

Der Aphorismus

Der Optimist
  sieht in jedem Problem
    eine Chance,
der Pessimist
  in jeder Chance
    ein Problem.

(H. Tappert, in: Medizin heute 12/86)

Kommentar

Ob ein Ereignis ein Problem oder eine Chance ist, also positiv oder negativ, hängt einzig und allein von der Betrachtungsweise des einzelnen ab.
Betrachten wir ein ganz simples und alltägliches Beispiel:
- Das Ereignis: Sie sind gerade dabei, Ihren Rasen zu mähen, und der Rasenmäher gibt seinen Geist auf.
- Als Problem: Sie sind total sauer: „Ausgerechnet mir!" „Wenn ich mir schon mal etwas vornehme..." sagen Sie sich innerlich. Sie sind so erregt über das Mißgeschick, daß der ganze Tag für Sie gelaufen ist. Sie ziehen sich schmollend zurück und denken unablässig darüber nach, daß gerade Sie immer so ein Pech haben müssen.
Die Folgen: Der Rasen bleibt ungemäht, die Aufgaben, die Sie anschließend erledigen wollten, bleiben ebenfalls liegen. Sie reagieren auf großen Ärger immer – also auch jetzt – mit Sodbrennen und Magenbeschwerden, werden also prompt auch noch krank. Sie fauchen Ihre Familie an und provozieren einen zweiwöchigen Ehekrach.
- Als Chance: Sie denken ganz gelassen: „Rasenmäher gehen so oft kaputt, daß ich sowieso einmal lernen muß, mir selbst

zu helfen, um nicht ewig ein Sklave dieses Apparates zu sein." Und: „Die Aufgabe reizt mich, den Defekt zu analysieren und zu beheben." Sie machen sich voller Neugierde und Ehrgeiz an die Arbeit. Zufällig kommt ein technisch versierter Nachbar vorbei und bietet Ihnen seine Hilfe an. Bald läuft die Maschine wieder wie geschmiert.

Die Folgen: Der Rasen ist gemäht. Das Erfolgserlebnis beflügelt Sie so, daß Sie im Handumdrehen noch eine Menge Arbeiten erledigen, die Ihnen schon lange auf dem Magen lagen. Sie haben viel über das Reparieren von Rasenmähern gelernt und keinerlei Angst mehr vor dem nächsten Defekt, der todsicher irgendwann mal kommt. Und der Nachbar, mit dem Sie bisher keinen Kontakt hatten, entpuppt sich bei der gemeinsamen Bastelarbeit als so nett, daß er einer Ihrer besten Freunde wird.

Es gibt Menschen, die in jeder Chance ein Problem sehen: Bei schlechtem Wetter wünschen sie Sonnenschein, bei Sonnenschein stöhnen sie über die Hitze; bei wenig Arbeit über Langeweile, bei interessanten Aufgaben über „Streß". Selbst wenn sie im Lotto 1 Million Mark gewinnen, freuen sie sich keine 10 Minuten, sondern machen sich sogleich so viel Sorgen über die schleichende Geldentwertung, daß sie keine frohe Minute mehr haben.

Praktische Anwendung

Halten Sie es umgekehrt: Machen Sie es sich zur Gewohnheit, in jedem Problem eine Chance zu sehen!
- Blockieren Sie bei plötzlichen Problemen erst mal grundsätzlich jeden Gedanken von Angst, Bestürzung, Verzweiflung.
- Überlegen Sie zunächst, welche mögliche Chancen das Problem in sich bergen könnte.
- Erinnern Sie sich an das Beispiel mit dem defekten Rasenmäher, dessen Störung nur positive Folgen hatte.
- Denken Sie an den am meisten optimistischen Menschen, den Sie kennen, und überlegen Sie sich, wie dieser jetzt reagieren würde.

- Machen Sie sich klar, daß selbst schwerste Schicksalsschläge Chancen in sich bergen, und sei es „nur" die Chance des seelischen Wachstums.
- Verdeutlichen Sie sich, daß es „objektive Fakten" nicht gibt, und nur Sie selbst darüber entscheiden, ob ein Ereignis Glück oder Unglück, Problem oder Chance für Sie wird. Sie entscheiden darüber durch die Macht Ihrer Gedanken!

Die richtige Einstellung zu Schicksalsschlägen

Das Zitat

„Ich habe viel in der Krankheit gelernt, was ich in meinem Leben nirgends hätte lernen können." *(Goethe)*

„Wenn Glücksgefühl überhaupt erst möglich wäre in einem durch Lust *und* Unlust gereiften Herzen?" *(Christian Morgenstern)*

„Ich gebe den Schmerz nicht her, weil ich sonst das Göttliche hergeben müßte." *(Adalbert Stifter)*

„Was du meine Krankheit nennst, ist zugleich die Quelle meines wie jedes höheren Lebens." *(Friedrich Hebbel)*

„Das Schicksal geht mit uns wie mit Pflanzen um, es macht uns durch kurze Fröste reifer." *(Jean Paul)*

„Im Schweren sind die freundlichen Kräfte, die Hände, die an uns arbeiten." *(R. M. Rilke)*

„Das Unglück kommt zu uns, aber es tut in uns nur, was man ihm befiehlt." *(Maurice Maeterlinck)*

Kommentar

A. Zahlreiche Beispiele des täglichen Lebens zeigen, daß wir durch Aufgaben und Hindernisse dazulernen und unsere Kräfte vergrößern – allgemein gesagt: uns weiterentwickeln – können:
- In der Schule benutzt man *„Aufgaben"* (Schulaufgaben) und *„Prüfungen"* (Examina) als Anreiz zum Lernen.
- Zur Ausbildung eines Springpferdes stellt man *„Hindernisse"* auf und sorgt dafür, daß diese mit zunehmendem Lernerfolg immer höher werden.
- Ein Hürdenläufer (oder Hochsprung-Athlet) braucht not-

wendigerweise *„Hürden"*, um seine Sportdisziplin zu erlernen und immer mehr zu vervollkommnen.
- Der Gewichtheber kann logischerweise ohne Gewichte oder andere Arten von *Lasten* nicht trainieren und seine Muskeln ausbilden.

Diese Beispiele mögen vielen banal erscheinen: Der Sinn von Aufgaben, Prüfungen, Hindernissen, Hürden und Lasten ist jedem klar. Wenn uns aber das *Schicksal* mit Aufgaben, Prüfungen, Hindernissen, Hürden und Lasten überrascht, sehen die meisten Menschen darin plötzlich keinen tiefen Sinn, keinen positiven Aspekt. Stattdessen werden Schicksalsschläge fast immer als etwas Negatives (eben als Schicksals-*„Schlag")* empfunden, und kaum einer kommt auf die Idee, daß man an jedem Schicksalsschlag etwas lernen, daran reifen und wachsen kann.

Das Spektrum der positiven Aspekte von Schicksalsschlägen diverser Art kommt in den o. g. Dichterworten gut zum Ausdruck.

	Schicksalsschlag	Folge
1	Krankheit	Lernen
2	Unlust	Reifen, Glück
3	Schmerz	das Göttliche
4	Krankheit	höheres Leben
5	Schicksal(sschlag)	Reifen
6	Schwere(s)	Arbeit am Menschen

B. Eine besonders häufige und wichtige Art von Schicksalsschlag sind **Krankheiten**. Die meisten Menschen halten ihre plötzliche Erkrankung für einen Zufall und hadern mit dem Schicksal, daß es ausgerechnet sie getroffen hat. Kaum einer kommt auf die Idee, daß die Krankheit einen tiefen Sinn hat und damit
- *weder Zufall* (sondern die notwendige Folge klarer Ursachen)
- *noch negativ* (sondern in verschiedener Hinsicht notwendig) sein kann.

Der mögliche Sinn einer Krankheit kann z. B. sein:
- Heilungsmechanismus: z. B. Fieber „verbrennt" Fiebererreger
- Entlastung: Ausbruch aus der krankmachenden Situation
- Signal: z. B. Schmerz meldet Schmerzursache
- Symbol: Vergl. Psychoanalyse
- Anreiz zum seelischen Wachstum: s. u.

In den Fällen 3 und 4 haben die Krankheitssymptome die Aufgabe, die seelischen oder körperlichen Krankheitsursachen zu melden. In den Fällen 1 und 2 führen die Symptome zur Ausschaltung der Ursachen.

Aber auch in den Fällen, wo tieferer Grund und Funktion einer Krankheit nicht zu erkennen sind, bleibt eine Möglichkeit, die Krankheit positiv zu nutzen:

Wer eine schwere Krankheit (welcher Art auch immer) durch positives Denken bezwungen oder auch nur mit positivem Denken durchgestanden hat, der hat sehr viel über die Macht des Geistes und bewußter Gedankenlenkung dazugelernt und ist damit vor der zerstörerischen Wirkung weiterer Schicksalsschläge weitgehend gefeit. Er geht – vielleicht vorübergehend körperlich noch geschwächt, aber – geistig-seelisch erheblich *gestärkt* aus seiner Krankheit hervor.

Praktische Anwendung

Denken Sie daran: Es gibt immer 2 Möglichkeiten, auf einen Schicksalsschlag zu reagieren:
a) Man kann an ihm *zerbrechen*.
b) Man kann an ihm *wachsen*.

Reagieren Sie auf einen Schicksalsschlag wie z. B. Krankheit nicht reflexartig mit tiefer Betroffenheit (im Sinne von Beleidigtsein: „warum gerade ich?"), Wut, Ärger, nicht mit Melancholie bzw. Depression oder gar Verzweiflung.

Machen Sie es sich zur Angewohnheit, zunächst ganz „cool" in 3 Schritten zu reagieren:

- Versuchen Sie, die evtl. spezifische Ursache einer Krankheit zu erkennen.
- Versuchen Sie, die Herausforderung „anzunehmen".

- Versuchen Sie, die positiven Aspekte, den Aufgabencharakter und die Wachstumschancen zu erkennen.
  Im optimalen Fall gelingt es Ihnen dann, das Unglück als Möglichkeit zur seelischen Reifung zu erkennen und evtl. sogar dafür dankbar zu sein.

Das sagt das letztgenannte Zitat von Maeterlinck:
Ob ein Unglück in Ihnen positive oder negative Auswirkungen hat, entscheiden ganz alleine Sie selbst!
Es liegt an Ihnen bzw. Ihrem *Denken,* ob ein „Unglück" tatsächlich ein Unglück ist oder sich letztendlich sogar als Glück entpuppt.
Denken Sie an das treffende Sprichwort: „Was mich nicht umwirft, macht mich stark."
Sehen Sie es so: Sie können nicht stark werden, wenn nicht ab und zu das Schicksal versucht, Sie umzuwerfen.

Literatur
Peter Paal: Die wunderbare Kraft der Gedanken.
Von Loeper Verlag, Karlsruhe. 1983.

Über den „Frontalangriff auf Symptome"

Das Experiment

„Der amerikanische Forscher Lewis Thomas und der US-Psychologe Robert Meister haben etwa zur gleichen Zeit festgestellt, daß die übermäßige Beschäftigung mit dem eigenen Körper sogar gesunde Leute durchaus krank machen kann, z. B. läßt die Angst vor einem Herzinfarkt das vegetative Nervensystem verrückt spielen. Beide sprechen vom „eingebildeten Kranken des 20. Jahrhunderts", der mit seiner fast hypochondrisch zu nennenden Egozentrierung alle möglichen körperlichen Beschwerden produziert, die niemals auftreten würden, würde er sich nicht übermäßig selbst beobachten."

Kommentar

Dementsprechend hat z. B. auch der Heidelberger Medizin-Soziologe und Krebsforscher Ronald Grossarth-Maticek nach einer 10 Jahre dauernden Studie ermittelt, daß die subjektive Situationseinschätzung eines Menschen Entstehung und Verlauf von Krebserkrankungen mitbeeinflußt; so würden langanhaltende Perioden von Hoffnungslosigkeit und Niedergeschlagenheit den Verlauf dieser Krankheiten wesentlich verschlechtern. Ähnliche Erfahrungen machte die Krebsnachsorgeklinik Bad-Sooden-Allendorf.
So ist in Deutschland eine neue Krankheit entstanden:
Der „Morbus Mohl" (= die „Mohlsche Krankheit") – genannt nach dem Moderator einer Gesundheitssendung im Fernsehen. Nach Sendungen über z. B. den Herzinfarkt war die Zahl der Krankenhauseinweisungen wegen dieser Krankheit sprungartig angestiegen. Wohlgemerkt: Nicht nur wegen der vielen Menschen, die sich plötzlich einbildeten, die geschilderten Symptome auch an sich zu bemerken. Auch die Zahl echter Erkrankungen hatte tatsächlich zugenommen.

Die zugrunde liegenden Mechanismen sind klar: Während unsere bewußten Körperfunktionen vom Willen gesteuert werden, werden die vegetativen (sog. autonomen) Vorgänge, die für unseren Gesundheitszustand von entscheidender Bedeutung sind, durch Gedanken und Vorstellungen stark beeinflußt:
Negative Gedanken (dauerndes Grübeln über die Krankheit, Angst, Unheils-Phantasien etc.) verschlechtern den unerwünschten Zustand durch Realisierung des Gedankeninhaltes im körperlichen Bereich (Prinzip der Ideomotorik nach Carpenter, der Psycho-Kybernetik nach Maltz, der Gedankenverwirklichung nach Coué).

Praktische Anwendung

Konzepte zur Bewältigung körperlicher und psychischer Krisen bietet – auf den dargestellten Mechanismen basierend – zum Beispiel die Logotherapie von Viktor Frankl. „Dereflexion", „Selbsttranszendenz", „Selbstdistanzierung", „Einstellungsmodulation", „Suche nach einem Sinn", „paradoxe Intention" etc. sind Fachvokabeln für entsprechende Techniken. Auf einen einfachen Nenner gebracht, bedeuten Sie: Vermeiden einer andauernden „Nabelschau", stattdessen bewußte Lenkung der Gedanken weg von sich selbst auf Werte und Aufgaben in unserer Umwelt.

Analoges gilt für die Behandlung psychisch verursachter Krankheiten: „Der Frontalangriff auf manche Symptome hält sie nur im Brennpunkt der Aufmerksamkeit fest und erhält sie am Leben" (Frankl).

Literatur
Elisabeth Lukas: Von der Tiefen- zur Höhenpsychologie. Logotherapie in der Beratungspraxis. Herderbücherei „Wegzeichen" Band 1020 (1983).

Aufgaben, Probleme, Schicksalsschläge

Das Zitat

„An dieser Stelle seien einige Bemerkungen zu dem Begriff Problem erlaubt.
In Wirklichkeit gibt es keine Probleme.
Multiplizieren ist für ein sechsjähriges Kind ein großes Problem, für einen Dreißigjährigen kaum, er hat in der Zwischenzeit das Multiplizieren gelernt. Jeder Lernprozeß ist auch eine Bewußtseinserweiterung, die es ermöglicht, die Aufgabe zu lösen. Mit jeder Lösung eines Problems erlöst man gleichzeitig die Aufgabe aus ihrer „Problemhaftigkeit". Ein solcher Erlösungsprozeß hat zur Folge, daß die erlöste Situation gewöhnlich nie wieder auf die Ebene des Problems absinken kann.
Es ist wichtig, daß der Mensch nie vergißt, daß ein Problem nur den individuellen Niveau-Unterschied zwischen einer Situation und einer Bewußtseinslage bezeichnet und deshalb den Menschen herausfordern soll, es durch einen Lernschritt zu erlösen. Im täglichen Leben benehmen sich jedoch die meisten Menschen so, als gäbe es Probleme „an sich" und fordern deshalb gerne die Umwelt auf, diese zu beseitigen.
Lernprozesse können nur durch die Lösung von Problemen stattfinden. Da Problemlösungen immer mit Anstrengungen verbunden sind, suchen sich die Lebewesen die Probleme meist nicht von selbst; sondern müssen damit konfrontiert werden. So entpuppen sich die Probleme als die eigentlichen Antriebsräder der Evolution."

Kommentar

Was in diesem Zitat über „Probleme" (wie „Multiplizieren") gesagt ist, gilt uneingeschränkt auch für schwere Schicksalsschläge (Verlust, Krankheit, Tod):

In Wirklichkeit gibt es keine Schicksalsschläge (wenn man darunter – wie üblich – Lebens-Ereignisse mit zwangsweise negativem Charakter versteht)!
Schicksalsschläge können nämlich ebenso positiv wie negativ verarbeitet werden. Sie können sich letztendlich als Glück entpuppen, nämlich dann, wenn sie einen Lernprozeß bewirken.
Positive Schicksalsbewältigung bedeutet immer seelische Reifung, Zunahme an Kenntnis bzw. Erkenntnis und Wachstum der geistig-seelischen Kräfte. Auch Schicksalsschläge sind nur ein Problem des „Niveau-Unterschiedes": Wer sich unter der Last eines schweren Schicksalsschlages wieder erhoben hat, steht unbezwingbar über den Dingen. Wer alles durchlitten hat (ohne zu zerbrechen), ist unverwundbar.

Praktische Anwendung

Aufgaben, Probleme, Schicksalsschläge als objektive Tatsachen gibt es nicht.
Was sie für den einzelnen bedeuten, ist *lediglich eine Frage des Denkens, der Motivation, der Einstellung zum Leben:*
– *Entweder: Unglück*
  Zumutung, Grund zur Verzweiflung, „Pech"
  Sorgen, Angst, Schrecken, Verzweiflung
  Zunehmende Lähmung, Mißerfolg
  Seelische Krankheit (Depression)
  Körperliche Krankheit
– *Oder: Glück*
  Herausforderung, Grund zum Wachstum, Chance
  Willkommene Aufgabe zum Lernen
  Zunahme an Können, Erfolg
  Seelische Gesundheit (Glück)
  Körperliche Gesundheit.

Literatur
Thorwald Dethlefsen: Schicksal als Chance (Das Urwissen zur Vollkommenheit des Menschen). Goldmann Taschenbuch 11723, 1985.

Tödliche Zielbilder: Ein Beispiel

Das Experiment

„Arbeit ist Medizin. Nichtstun ist gefährlicher Streß. Das hat ein revolutionärer Versuch deutlich gemacht, der weltweites Aufsehen erregte.
Eine Gruppe von Freiwilligen wurde in einem US-Institut für mehrere Wochen ins Bett geschickt. Jeglicher Streß wurde von ihnen ferngehalten. Es gab allerbeste Pflege, keinerlei Aufregungen und Sorgen. Dennoch bekamen die völlig Verwöhnten nach drei Wochen Bettruhe schwere Kreislaufstörungen, nach sechs Wochen konnten sie ohne Halt, aus eigener Kraft, nicht länger als 3 Minuten stehen. Ihr Kreislauf versagte. Der Versuch, der doch eigentlich alles andere als grausam war, mußte abgebrochen werden.
Die Menschen waren einem Leben ganz ohne Streß nicht gewachsen. Nichtstun ist *Dis*streß."

Kommentar

H. Selye, der Vater der Streßforschung zum Thema „Arbeit":
„Zunächst müssen wir uns klar darüber werden, daß Arbeit eine biologische Notwendigkeit ist. So wie unsere Muskeln schlaff werden und bei Nichtgebrauch degenerieren, so verfällt auch unser Hirn in Chaos und Konfusion, wenn wir es nicht ständig für irgendeine Tätigkeit einsetzen, die uns sinnvoll erscheint. Unser Hauptziel sollte es also nicht sein, Arbeit zu vermeiden, sondern eine Art von Beschäftigung zu finden, die uns Freude macht."
Dazu zwei Beispiele:
1. Friedrich D. arbeitet täglich 12 Stunden im Akkord in der Fabrik. Er empfindet seine Arbeit als wenig befriedigend und schmückt daher unablässig seinen permanenten Tagtraum

aus: Mit 50 Jahren hat er soviel verdient und sein Haus abbezahlt, daß er dann die Arbeit an den Nagel hängen kann. Er möchte dann einfach nichts mehr tun und nur noch das Faulsein so richtig genießen ...
2. Wilhelm E. arbeitet gleichfalls 12 Stunden im Akkord etc... (s.o.) ... Tagtraum aus: Er züchtet Rosen, soweit es seine knappbemessene Freizeit zuläßt. Mit 50 Jahren möchte er sich – mit noch vermehrter Energie – ausschließlich dieser Aufgabe widmen. Er wird Ausstellungen besuchen, mit anderen Züchtern Kontakte pflegen, Bücher schreiben etc. ...
Das entscheidende mentale bzw. psycho-somatische Gesetz: Unser Unterbewußtsein arbeitet unablässig an der Realisierung unserer Gedankenbilder. Dies umso erfolgreicher, je intensiver, emotioneller d.h. plastischer und farbenfroher unsere Tagträume sind. (Wichtig: Hier ist ausschließlich von realistischen Tagträumen die Rede und nicht von Phantasien!) Die Vision lockender Ziele verleiht dem Menschen ungewöhnliche Kraft und Ausdauer. Wer an die Erreichung eines Zieles fest glaubt, kann fast Wunder vollbringen.
Es ist daher wahrscheinlich, daß beide ihr Ziel erreichen: Die Situation dann:
1. Friedrich D. macht notwendigerweise mit dem Nichtstun die Erfahrungen, die in dem eingangs zitierten Experiment geschildert sind. Er fühlt sich schon nach kürzester Zeit unausgefüllt, gelangweilt, mißmutig, depressiv.
2. Wilhelm E. ist absolut glücklich und zufrieden. Jeder Erfolg motiviert ihn zu neuer Anstrengung. Trotz enormer Aktivität bzw. Arbeitsleistung ist er so kerngesund wie nie zuvor und zunehmend leistungsfähig (denn es gibt – gleichfalls nach dem dargestellten Mentalgesetz – keine bessere „Medizin" für den Körper als positives Denken, Befriedigung, Erfolgserlebnisse).
Das Fatale an der Situation des Friedrich D.:
Das jahrzehntelang gedachte und immer mehr verbesserte, mehr und mehr ausgemalte und vervollständigte Gedankenbild vom „süßen Nichtstun" hat sich wie ein Stempel festgesetzt und kann nicht plötzlich gelöscht werden, wenn erkannt wird, daß es sich um ein falsches, zerstörerisches Programm gehandelt hat. Es könnte lediglich nach und nach durch ein

neues, besseres Zielbild (z. B. dem vom Rosenzüchten) ersetzt bzw. verdrängt werden. Dabei gelten aber die gleichen Gesetzmäßigkeiten wie vorher auch: Eine wirkliche Verdrängung wäre nur durch jahrzehntelanges ebenso intensives Träumen des neuen, ebenso lebendigen Tagtraumes möglich.
Die Aussichten des Friedrich D. auf einen glücklichen Lebensabend, an dem er eigentlich die Früchte seines arbeitsreichen Lebens genießen wollte, sind also denkbar schlecht. Er ist auf Unglück programmiert – und das Unglücksprogramm ist nicht löschbar und nur noch wenig korrigierbar. Seine mentale Fehlprogrammierung bzw. Fehlfunktion führt automatisch zu körperlichen Fehlfunktionen, also zu Krankheiten aller Art.
Am Beispiel der Einstellung zur Arbeit ist die *Bedeutung von Zielbildern* besonders gut demonstrierbar. Die Mühe der täglichen Arbeit läßt die positiven Aspekte vergessen, und die Dauer eines normalen Arbeitslebens führt bei vielen Menschen zu einer Intensität des kompensatorischen Traumbildes vom Nichtstun, wie es andere Zielbilder nur selten erreichen. Die Folge ist allgemein bekannt: Die hohe Zahl von Erkrankungen bei Arbeitslosen und von Todesfällen unmittelbar nach Eintritt in den Ruhestand. Der bekannte Pensionierungs-Tod entspricht exakt dem Ergebnis des eingangs zitierten Versuchs, wobei lediglich die wesentlich gravierendere Umstellung auf „Ruhe" beim Rentner eben auch zu wesentlich gravierenderen körperlichen Störungen (d. h. in vielen Fällen zum Tod) führt.
Goethe arbeitete hochbetagt sieben Jahre an der Fertigstellung des zweiten Teils seiner Faust-Tragödie. Er beendete das Werk im Januar 1832, knapp acht Wochen später war er tot.
Was an diesem Beispiel der Arbeit besonders gut demonstrierbar ist, gilt generell für jede Art von Zielbild. Durch unsere Gedanken programmieren wir ständig unsere Zukunft. Dabei hat es unausweichlich fatale Folgen, wenn wir unser Unterbewußtsein jahrelang mit falschen bzw. schädlichen Programmen füttern.

Praktische Anwendung

„Richtiges Denken" heißt:
- die Bedeutung von Zielbildern zu erkennen
- richtige Zielbilder zu planen und zu entwerfen
- diese Zielbilder so auszugestalten, daß sie möglichst große Realisierungspotenz bekommen.

Eine hohe Realisierungspotenz bekommen Pläne automatisch dann, wenn sie *sinnvoll* sind. Richtig denken bedeutet damit letztendlich „Sinn-Suche"!
Sinn-Suche in Sachen Arbeit und Streß führt zu dem Resultat: Die Alternative zu *Dys-Streß* im weitesten Sinn ist nicht „*Streßlosigkeit*" sondern „*Eu-Streß*". Glück und Wohlbefinden eines Menschen hängen hauptsächlich ab von dem Grad *sinnvoller Aktivität*.

Literatur
R. Ruthe: Streß muß sein (wie kultivieren wir lebensverlängernden Streß? Abbau vom tödlichen Streß). Herder-Taschenbuch Nr. 617. 1977.

Äußeres und Inneres „Glück"

Das Beispiel

A. von B. und M. hat ein Vermögen von 60 Millionen geerbt. Auch sonst fehlt ihm nichts von dem, was sich ein Mensch überhaupt nur wünschen kann: Er sieht gut aus, er hat (so gut wie jeden gewünschten) Erfolg beim anderen Geschlecht, er bewegt sich in den besten gesellschaftlichen Kreisen und hat Beziehungen jeder Art; er könnte in den familieneigenen Fabriken jeden Arbeitsplatz erhalten, jedes Projekt realisieren, berufliche Erfolge sind fast vorprogrammiert; er ist gesund etc. etc.

– A. von B. und M. hat also wirklich „allen Grund, glücklich zu sein"!

Tatsächlich findet er auch mit größten Geldsummen nichts, was ihm wirklich Freude macht. Die schnellen Erfolge bei Frauen befriedigen ihn nicht, und er ist zu einer festen und tiefen Bindung nicht fähig. Zu einer Arbeit kann er sich nicht aufraffen, Erfolgserlebnisse kennt er daher nicht.

– A. von B. und M. ist also dauernd gelangweilt, es reizt ihn nichts, er kennt kein Gefühl des Glücks. Er bekommt schwere Depressionen und wird körperlich krank. Unfähig, sich mit seiner Krankheit positiv auseinanderzusetzen, begeht er Selbstmord.

Kommentar

Wenngleich der Fall (absichtlich) etwas kraß dargestellt ist, ist er dennoch nicht nur authentisch, sondern auch absolut typisch: Es entspricht der allgemeinen Lebenserfahrung, daß besonders reiche Menschen keinesfalls auch besonders glücklich sind, und daß besonders ererbter oder gewonnener Reichtum noch nie aus einem unglücklichen einen dauerhaft glücklichen Menschen gemacht hat.

Die Ansicht, daß Besitz, Macht, gesellschaftliche Stellung, Ansehen oder auch Gesundheit glücklich machen, ist schlicht und einfach falsch!
- „Wie könnte ich glücklich sein, wo ich doch nichts besitze, tagtäglich arbeiten muß, dazu noch krank bin" – wer so argumentiert (und jeder von uns tut das immer wieder verbal oder in Gedanken), befindet sich im Irrtum!
- „Ich bin jetzt unglücklich, aber ich werde im Glück leben, wenn ich erst wohlhabend (erfolgreich, wieder gesund, etc.) bin" – wer das wirklich glaubt (und jeder von uns denkt immer wieder so), wird sich sehr getäuscht sehen.

Genau das Gegenteil ist – nach klaren psychologischen Gesetzmäßigkeiten – der Fall:
Die Psyche des Menschen ist so konstruiert, daß ihn *Fortschritte* jeder Art und auf jedem Gebiet glücklich und zufrieden machen. Längerfristiger Stillstand oder gar Rückschritt dagegen deprimieren.

Anders ausgedrückt: Der *Vorgang* des Erfolghabens beglückt, während die Befriedigung über den erzielten Erfolg (als Zustand) sehr bald nachläßt.

Der *Vorgang* des Mißerfolg-habens schmerzt außerordentlich; man hat den Mißerfolg aber dann schon überwunden, wenn man sich an ihn gewöhnt hat (Zustand). Faßt man neue Hoffnungen, sind solche (vorwärts gerichteten) Gedanken schon wieder mit aufkeimenden Glücksgefühlen verbunden.

Das Planen, Schaffen und Erreichen von Zielen verursacht Glücksgefühle. Der erreichte Zustand selbst (Reichtum, Macht, Gesundheit etc.) wirkt mental neutral! Der Verlust von Reichtum, Macht, Gesundheit ist mit Unlust-Gefühlen verbunden.

Diese Funktionsweise unserer Psyche ist natürlich (bewundernswert) sinnvoll: Sie zwingt uns zur dauernden Fortentwicklung und verhindert Stillstand oder gar Rückschritt!

Daher verhält es sich – bei realistischer Betrachtungsweise – so:
- Wer arm ist, bewundert oder beneidet den Reichen und empfindet die Vorstellung oder den Plan, genauso reich zu werden, als lustvoll.

- Der Zustand des Reichseins ist aber genauso viel oder wenig lustvoll (glücklichmachend) wie der Zustand der Armut. Noch einmal: Der Reiche ist keinesfalls glücklicher als der Arme!
- Falls der Reiche schon reich geboren wurde, bringt ihm der Reichtum keinerlei Glücksgefühl. Lediglich der Vorgang, reicher zu *werden,* ist mit Lust bzw. Glück verbunden (ganz kurzes Glücksgefühl beim Lottogewinn, dauerndes Glücksgefühl durch ein langes arbeitsreiches Leben).
- Insofern ist der Arme sogar besser dran als der Reiche: Seine Motivation und seine Möglichkeit, relativ reicher zu werden, und damit die Möglichkeit, Glücksgefühle zu erleben, ist größer.
- Derjenige, der den Zustand des Reichseins schon erreicht hat, ist oft nur noch damit beschäftigt, das Erreichte zu bewahren und den Verlust zu verhindern; die mentale Beschäftigung mit dem möglichen Verlust verursacht aber Unlust bzw. Gefühle des Unglücklichseins.
- Beim sehr Reichen ist die Wahrscheinlichkeit relativ groß, ärmer zu werden (Inflation, Diebstahl, Betrug etc.); der total Mittellose kann dagegen nur reicher werden. *Daher sind die Chancen auf Glück beim Armen tatsächlich viel größer als beim Reichen.*

Was hier über den Reichtum gesagt wurde, gilt in gleicher Weise für jeden anderen Wert. Zum Beispiel auch für die Gesundheit: Wer nie krank war (die meisten Jugendlichen), weiß seinen Zustand nicht zu schätzen. Erst wenn man krank geworden ist, erscheint einem die Gesundheit als das größte Glück. Der gesundende Kranke ist viel glücklicher als der Gesunde. Und nach der völligen Heilung gerät der Wert der Gesundheit wieder sehr schnell in Vergessenheit.

Praktische Anwendung

Die geschilderten Gesetzmäßigkeiten belegen ganz klar:
1. Es ist o.k., Reicheren, Erfolgreicheren, Gesünderen *nachzueifern* (= positives Denken). Das macht glücklich.
Es ist in 2facher Hinsicht falsch, Reichere, Erfolgreichere, Ge-

sündere zu *beneiden* (= negatives Denken). Erstens ist Neid selbst ein Gefühl des Unglücklichseins, zweitens ist der Neid unberechtigt, da die Beneideten in Wirklichkeit gar nicht glücklicher sind.

2. Es ist ein folgenschwerer Denkfehler, das Glücklichsein immer auf *später* zu verschieben (= negatives Denken): „Wenn ich wieder gesund bin ..., wenn ich erst das und jenes erreicht habe ... etc.".

Richtig ist dagegen: Glück stellt sich ganz von selbst und *in der Gegenwart* ein, sobald man eine Aufgabe anpackt: Die Natur belohnt jede erfolgreiche Tätigkeit mit Glücksgefühl. Positives Denken aber führt automatisch zum Erfolg!

3. Wem alles in den Schoß gefallen ist (der Lottogewinner, der reiche Erbe, die Prinzessin etc.) und wer alles hat (der Großindustrielle, die Filmschauspielerin) – kurzum: die *„Großen"*, die unsere Illustrierten, Zeitungen, Fernsehjournale füllen – sind keinesfalls zu beneiden. Ihre Glücks-Chancen sind ganz klar geringer als die der Leser!

Glück ist im *Kleinen* leichter zu erreichen: zum Beispiel im Blumengarten hinter dem Haus, bei der Erziehung eines Kindes, bei der Überwindung einer Behinderung etc.

Die entscheidende Erkenntnis ist: Glück und Unglück haben grundsätzlich mit äußeren Gegebenheiten nichts zun tun. Wer das glaubt, ist immer unglücklich.

Statt dessen hängt Glück ausschließlich vom Denken ab:
- *Falsch denken = negativ denken = falsch handeln = erfolglos sein = unglücklich sein!*
- *Richtig denken = positiv denken = richtig handeln = erfolgreich sein = glücklich sein!*

Gedanken-Modulation

Der Fall

Frau G. sieht auf der anderen Straßenseite eine Freundin. Sie grüßt und will hinübergehen. Die Freundin schaut vorbei und geht weiter. Da geht Frau G. auch weiter in ihre Richtung. Frau G. denkt:

Fassung I:
„Warum schneidet sie mich? Was habe ich ihr getan? Jetzt ist es wohl aus mit der Freundschaft."

Fassung II:
„Sie hat mich absichtlich übersehen. Wenn sie das tut, muß ich ihr wohl etwas getan haben. Was denn bloß? Ich weiß es nicht, aber ich trau mich nicht, sie zu fragen. Das ist mir so peinlich. In Zukunft gehe ich ihr lieber aus dem Weg. Jetzt ist es wohl aus mit der Freundschaft. Immer wieder passiert mir das. Ich bin bald völlig isoliert. Ich kann nichts dagegen tun. Ich schaffe es nie, auf die Dauer mit jemand auszukommen. Meine Eltern hatten schon recht, damals, ich mache immer alles falsch. Langsam verliere ich alle Freude am Leben."

Fassung III:
„Frau X. hat mich nicht gegrüßt. Das ärgert mich, und es macht mich unsicher. Warum rege ich mich so auf? Irgendwie kann ich es wohl nicht gut ertragen, wenn jemand kein Interesse an mir hat oder mich sogar ablehnt. Ich denke dann gleich, ich mache etwas falsch oder ich bin nichts wert. Als Kind habe ich das ja auch oft genug zu hören bekommen. Aber eigentlich sehe ich gar nicht ein, wieso mich das jetzt noch verunsichern soll; schließlich bin ich kein Kind mehr und kann ganz gut selbst einschätzen, welche guten und schlechten Sei-

ten ich habe. Es ist doch ganz normal, daß einige Leute mich so mögen, wie ich bin, und andere nicht. Man muß ja nicht mit jedem auskommen; die Frau X. ist ja auch ein ganz anderer Typ als ich, nicht so zurückhaltend, eine richtige Klatschtante. Ich werde mich in Zukunft mehr um die Leute kümmern, mit denen ich lieber zusammen bin."

Kommentar

*Der zitierte Fall zeigt zunächst, daß nicht Fakten, sondern alleine unsere **Gedanken die Bausteine für unsere „Wirklichkeit"** sind.*
Frau G. neigt zu negativem Denken, zu Schreckreaktionen und somit zu vagotoner Fehlsteuerung. Deren typische Folge sind z. B. Magenkrämpfe mit folgenden Durchblutungsstörungen und vermehrter Salzsäureproduktion. Beides zusammen führt zum Magengeschwür.
Ein Mensch mit positiver Denkweise hätte dagegen die Möglichkeit, absichtlich übersehen zu werden, gar nicht in Betracht gezogen; er wäre durch den unbedeutenden Vorfall weder psychisch noch körperlich beeinflußt worden.
Falsches Denken macht
– unzufrieden und unglücklich,
– schafft schlechte Lebensbedingungen bes. in Familie und Beruf
– und ist darüberhinaus die wichtigste und häufigste Ursache für funktionelle und organische Krankheiten.
Glück und Pech sind nicht Schicksal, sondern gesetzmäßiges Resultat positiver oder negativer Denkgewohnheiten.

Praktische Anwendung

*Der zitierte Fall zeigt außerdem zugleich einen Selbst-Therapie-Verlauf durch **Änderung der Denkweise**.*

Fassung I: Frau G. geht (falsche Denkweise 1) willkürlich davon aus, daß die Freundin sie absichtlich nicht gesehen hat. Sie ist von vorneherein von der negativen Interpretationsmöglichkeit der Situation derart fest überzeugt (falsche Denkweise 2), daß sie weitere Versuche, sich bemerkbar zu machen, gar nicht in Betracht zieht. Schließlich ist ihr innerer Monolog (falsche Denkweise 3) ganz offensichtlich in „krankhafter" Weise unvollständig; selbst wenn die Freundin sie absichtlich übersehen hätte, berechtigt das objektiv nicht zu der kurzerhand getroffenen Feststellung, daß es mit der Freundschaft definitiv aus ist.

Fassung II: Obwohl die Gedankenfolge in dieser Fassung noch viel negativer ist, stellt sie bereits einen ersten Schritt zur Besserung dar:
Frau G. ist jetzt sich selbst gegenüber so ehrlich, sich ihre negativen Gedanken und Fehlreaktionen – in Form einer *Eigenanalyse* – wenigstens komplett bewußt zu machen. Das ist die Voraussetzung, um zu erkennen, daß sie – als Folge einer falschen Erziehung – bei jeder kleinsten Unstimmigkeit mit anderen Menschen den Fehler immer nur bei sich selbst sucht.

Fassung III: Aufbauend auf der Eigenanalyse sind jetzt erste *bewußte Modulationen der Erlebensweise* möglich. Frau G. erkennt, daß ihre Denk- und Reaktionsweise selbst für den Fall, daß die Freundin sie tatsächlich absichtlich übersehen hat, unangebracht war. Sie überprüft darüberhinaus ihren unbewußten Anspruch, mit allen Menschen gut auskommen zu müssen, auf seine Richtigkeit und sieht, daß er unrealistisch und daher falsch ist. Sie will daher nur noch mit solchen Menschen harmonieren, die ihr wichtig sind und dafür auch aktiv etwas tun; die Meinung aller anderen soll sie in Zukunft nicht mehr verunsichern.

Literatur
D. Juli u. M. Engelbrecht-Greve: Streßverhalten ändern lernen. Rororo-Sachbuch Nr. 7193, Rowohlt 1980.

Die „beste" Freundin

Der Fall

„Juwelierin, 50, verwitwet, vegetativ labil, klagt über viele psychosomatische Beschwerden. Sie sucht häufig Ärzte auf. Als sie wieder einen neuen Arzt zu Rate zieht, berichtet ihm der begleitende Sohn, daß es seiner Mutter jedes Mal nach dem Besuch einer Freundin schlechter ginge. Danach erhole sie sich nur langsam, bis eine Woche später wieder die Freundin einträfe und alles von vorne anfange. Vom Arzt nach der Freundin befragt, sagte die Juwelierin: ‚Das stimmt natürlich nicht, das ist Zufall! Sie ist ein reizender Mensch, der sich wirklich meiner annimmt. Sie macht sich echte Sorgen um mein krankes Aussehen, um meine Blässe, meine Augenringe usw., und ich kann mich mit ihr restlos über meine Beschwerden aussprechen.' Der Arzt erwiderte: ‚Dann ist ihre Freundin Gift für Sie! Sie steckt Sie mit negativen Krankheitssuggestionen an, macht Sie kränker und verhindert jede Gesundung! Wenn Sie sich einem so negativ suggestiven Menschen ausliefern, dann muß es Ihnen fortlaufend schlechter gehen!'"

Kommentar

Dieser Arzt kennt die Gesetzmäßigkeiten, nach denen Psyche und Körper des Menschen miteinander funktionell verbunden sind: Nicht was wir mit unserem *Willen* bewußt wollen, realisiert unser Unterbewußtsein bzw. unser Körper, sondern was wir mit unseren *Gefühlen* als Gedankenbild entwerfen.
Für unsere inneren Gestaltungskräfte wirken durch *Emotionen* verstärkte Gedanken als Zielbilder, während sie auf *verstandes*mäßige Kommentare zu diesen Bildern (ich möchte nicht, daß ich rot werde oder nicht einschlafen kann) eher gegenteilig reagieren.
Alle emotional betonten Gedanken und Gespräche über *Un-*

glück, Mißerfolg, Krankheiten sind **negative Autosuggestionen**; sie sind schädlich und sollten generell vermieden werden.
- **Sich aussprechen** ist eine erfolgreiche Methode, *in sich* schädliche Zielbilder besonders plastisch auszugestalten.
- **Jemanden bedauern** ist eine besonders erfolgreiche Methode, *bei anderen* schädliche Zielbilder zu verstärken und ihre negativen Auswirkungen zu potenzieren.
- Die bekannte „beste Freundin", die sich voller Teilnahme und Mitgefühl aller Probleme, Mißgeschicke und Krankheiten ihres Gegenübers widmet und mit unerschöpflicher Phantasie und immer neuen Details die bedauerliche Situation auszumalen weiß, ist in Wirklichkeit der Todfeind des Betroffenen.
- Die wirklich gute Freundin hilft zunächst tatkräftig, ansonsten lenkt sie ab, zeigt die positiven Aspekte jedes Schicksalsschlages auf, dämpft Emotionen und lenkt die Gedanken weg vom Problem zur Problembewältigung. Im Idealfall verhilft sie zu der Erkenntnis, daß jeder Schicksalsschlag später positiv gesehen werden wird, da er die seelischen Kräfte zur Schicksalsbewältigung gestärkt und den menschlichen Reifungsprozess gefördert hat.

Praktische Anwendung

1. Gedanken und die sie verstärkenden Emotionen sind die **alles** bewegenden menschlichen Kräfte.
2. Der Einsatz der Willenskraft (z. B. „ich *will* einschlafen!") bewirkt im Bereich des Unterbewußten und der autonomen Körperbereiche (zu denen die natürlichen Gesundungskräfte gehören) exakt das Gegenteil des Gewollten.
3. *Der Wille ist nur dann eine positive Kraft, wenn er der Gedankenkraft vorgeschaltet wird:* Zur Gedankenlenkung und -kontrolle, zum bewußten Aufbau positiver Zielbilder und zur „gewollten" Meidung negativer Fremdsuggestionen!!

Literatur
Dr. E. Rauch: Autosuggestion und Heilung, K. Haug Verlag, Heidelberg, 1981.

Körperliche Folgen der Angst

Das Beispiel

Vagusreizung durch *Schreck* führt zu folgenden hauptsächlichen *körperlichen Reaktionen:*

Minus-Reaktionen:
Pupillen: Verengung
Bulbi: Lidspaltenverengung
Herz: Bradykardie
Schilddrüse: Hemmung der Sekretion
Lunge: Verengung der Bronchien
Stoffwechsel: Senkung
Nebennieren: Hemmung
Fieber: Abfall
Blutzucker: Senkung
Leukozyten: Abfall

Plus-Reaktionen:
Speicheldrüsen: Anregung
Leber: Förderung der Gallensekretion
Niere: Förderung der Nierenfunktion
Pankreas: Sekretionsanregung
Dünn- und Dickdarm: Tonussteigerung und Anregung der Peristaltik
Alkalireserve: Anstieg

(Eine Sympathikusreizung z. B. durch *Ärger* verursacht die exakt *umgekehrten Organreaktionen*.)

Kommentar

In einer bedrohlichen Situation gerät das vegetative Nervensystem bei Tier und Mensch einen Augenblick in eine vagotone Spannungslage. Diese „Entspannung" kann einerseits als

kurzfristige Reaktionsunfähigkeit („Schrecksekunde", „Schock") eine sinnvolle Schutzreaktion vor unbedachten Aktionen bedeuten, andrerseits als Moment zum Atemholen und Kräftesammeln vor der sympathikotonen Kampf- oder Fluchtreaktion gedeutet werden.
Die Tabelle zeigt, wieviele und einschneidende körperliche Folgen *jeder Schreck* nach sich zieht. Da jeder der genannten Haupteffekte viele weitere Folgereaktionen nach sich zieht, ist festzustellen, daß letztendlich *jede Körperzelle* von entsprechenden Emotionen beeinflußt wird.
Angst ist eine Art Dauerschreck; viele Menschen haben heute eine permanente, oft völlig unbegründete Angst vor allem und jedem und erschrecken permanent bei fast jedem und fast immer negativen Gedanken. Alle unsere Emotionen sind primär sinnvolle Energie-bereitstellende Reaktionen zur Abwehr der emotionsverursachenden Ereignisse. Zu ihrer biologischen Natur gehört die heftige, kurze Bestandsdauer und die Abreaktion nach außen. Nicht abreagierte, nach innen gerichtete, durch krankhaftes Denken stundenlang „hochgeschaukelte" Emotionen oder gar dauerhafte emotionelle Fehlhaltung stellen seelische Energien bereit, die nicht natürlich, sondern nur durch Störungen der Organfunktion verbraucht werden können.
Während ein kurzer Schreck also eine sinnvolle Reaktion ist, hat die Natur permanenten Schreck für den gesunden Organismus nicht vorgesehen.
Andauernde Schreckbereitschaft ist krankhaft, die daraus folgende andauernde vagotone Fehlsteuerung muß notgedrungen zur Krankheit führen.
Schreckbereitschaft bzw. Angst verursacht – entsprechend der Daten der Tabelle – funktionelle Störungen wie Blutdruckabfall bis hin zur Ohnmachtsneigung, Übelkeit durch Magenkrämpfe, Durchfälle durch vermehrte Darmperistaltik und Sekretionssteigerung, Harndrang („Reizblase"), Bronchienverengung und Schleimproduktion, Erröten und Weindrang. Menschen mit krankhafter Angst bzw. Dauerschreck klagen daher:
– „Mir bleibt vor Schreck das Herz stehen", bzw. „es fällt mir fast in die Hose."

- „Mir dreht sich aus Angst der Magen um", bzw. „sie schlägt mir auf den Magen."
- „Ich habe Schiß", bzw. „ich mache vor Angst in die Hose."
- „Mir bleibt vor Schreck die Luft weg", bzw. „es verschlägt mir den Atem."
- „Ich habe das heulende Elend."
- „Mir läuft die Galle über", oder „mir ist eine Laus über die Leber gelaufen."

Dauerhafte funktionelle Störungen dieser Art müssen über kurz oder lang zu organischen Dauerschäden an den gleichen Organen führen: Hypotonie (niedriger Blutdruck) mit Schwindel und kalten Händen bzw. Füßen, Magenschleimhautentzündung und Magengeschwür durch Dauerverkrampfung und Minderdurchblutung der Magenwände sowie erhöhte Salzsäuresekretion, Asthma durch Bronchialverengung und vermehrte Schleimproduktion etc. etc. ...

Schließlich können Angst und Schreck zum Tod führen, und zwar plötzlich akut wie chronisch schleichend:

- Extreme Emotionen dieser Art führen zuweilen zur schwersten Form des *akuten* Kreislaufversagens, dem Schock (z. B. Unfallschock), der durch Sauerstoffmangel tödlich sein kann. Fälle von „psychischem Tod" dieser Art sind tierexperimentell (z. B. bei australischen Baumhörnchen) und beim Menschen (z. B. der Voodoo-Tod bei Naturvölkern [H. Schäfers])eindeutig nachgewiesen.
- Daß *chronisches* Asthma, Magengeschwüre durch Blutungen und Perforation etc. häufig tödlich enden, ist allgemein bekannt und braucht nicht näher erläutert werden.

Angesichts dieser schulmedizinischen Tatsachen (die körperlichen Folgen der Vagusreizung sind wissenschaftliche Erkenntnisse der Streßforschung und als solche allgemein anerkannt) und der lückenlosen und logischen Darstellbarkeit der pathogenetischen Erkrankungskette ist es schwer verständlich, warum negatives Denken bes. in Form von Schreckbereitschaft, Angst, Sich-Sorgen als eine der wichtigsten und häufigsten Krankheitsursachen kaum erwähnt wird und vor allem so gut wie nie als Ansatzpunkt für die Therapie angesehen wird.

Praktische Anwendung

Angst (Lebensangst, ängstliche Grundstimmung) führt als eine Form von Dauerschreck zur langfristigen vagotonen Fehlsteuerung, die nach Kenntnis medizinischer Fakten unweigerlich funktionelle und organische Krankheiten verursachen muß.

Die heute so weitverbreitete Angst ist dabei lediglich ein Beispiel von vielen für krankmachende negative Denkgewohnheiten.

Aggressivität, Ärger, Daueranspannung verursachen – umgekehrt – eine sympathikotone Fehlsteuerung mit ebenso gravierenden Erkrankungen an anderen Organen.

Grundsätzlich gilt:
Negatives Denken = vegetative Fehlsteuerung = Krankheit, letztendlich Tod.
Positives Denken = vegetative Balance = Gesundheit beziehungsweise Gesundung.

Da schädliche Denkgewohnheiten (über Jahre) erlernt sind, können sie (langsam) verlernt und ersetzt werden. Modifizierung schädigender Denkgewohnheiten ist das wichtigste und wirksamste aller Heilmittel. Es hat ein ungeheuer großes Indikationsgebiet und eine unerreichte therapeutische Breite (Nebenwirkungsfreiheit). Gedanken sind in doppelter Hinsicht frei: Sie können beliebig gewählt werden und sind zudem absolut kostenlos. – Kennen Sie nur ein einziges Medikament, das solche Vorzüge in sich vereint?

Literatur
Hubert H. Scharl: Die Organ-Sprache (als symbolischer Ausdruck für seelische Ursachen und unbewältigte Konflikte). Verlag T. Marczell, München. 1983.

Der „Kettenbrief"

Der Fall

Da die fortgesetzte Multiplikation von $20 \times 20 = 400 \times 20 = 8000 \times 20 = 160000$ etc. etc. sehr schnell zu unfaßbar hohen Zahlen führt, landete vermutlich in sehr vielen Briefkästen auf der ganzen Welt der folgende (Original-) „Kettenbrief":
„Ein chinesisches Gebet soll Ihnen Glück bringen. Das Original liegt in den Niederlanden. Es ist neunmal um die Welt gegangen. Jetzt ist das Glück zu Ihnen gekommen. Neun Tage nach Erhalt dieses Briefes werden Sie Glück haben, vorausgesetzt, Sie senden diesen Brief weiter.
Das ist kein Witz! Das Glück wird per Post zu Ihnen kommen. Senden Sie Kopien dieses Briefes an Leute, von denen Sie glauben, daß sie Glück brauchen können. Senden Sie kein Geld, denn Glück kann man nicht kaufen. Behalten Sie diesen Brief nicht. Sie müssen ihn innerhalb von 96 Stunden nach Erhalt weitergeben.
Was passiert ist? Ein RAF-Offizier erhielt 20 000 Dollar und verlor alles wieder, weil er die Kette unterbrochen hat. Auf den Philippinen starb General Welsch sechs Tage, nachdem er einen solchen Brief erhalten hatte. Er hat versäumt, das Gebet weiterzuschicken. Aber vor seinem Tod erhielt er 75 000 Dollar. Bitte machen Sie 20 Kopien und warten Sie ab, was am 4. Tag passiert. Die Kette hat Antonio Cospier, ein Missionar, von Venezuela aus geschrieben. Ich schicke es Ihnen, und da die Kette um die Welt gehen muß, müssen Sie 20 Kopien anfertigen, die diesem Brief gleichen. Schicken Sie diese Kopien an Freunde, Eltern und Verwandte. Schon nach ein paar Tagen werden Sie eine Überraschung erleben. Das ist wahr, auch wenn Sie nicht abergläubisch sind.
Beispiel:
Constantine Dior erhielt diesen Brief 1953. Sie bat Ihre Sekre-

tärin, 20 Kopien anzufertigen und zu verschicken. Eine Woche später gewann sie in der Lotterie zwei Millionen Dollar!
Cario Cogetti, ein Angestellter, erhielt diesen Kettenbrief, vergaß ihn und verlor ein paar Tage später seine Stelle. Er verschickte diesen Brief nachträglich an 20 Leute, schloß damit die Kette und bekam fünf Tage später einen besseren Job. Sain Furchild erhielt den Kettenbrief und warf ihn weg, weil er nicht daran glaubte. Neun Tage später starb er.
Im Jahr 1967 erhielt Ramon Larietto in Barcelona diesen Brief. Er beachtete ihn nicht und warf ihn in seinen Papierkorb. Einen Tag später verlor er seine Frau bei der Geburt seines Sohnes. Auch sein Sohn kam krank zur Welt und lag zwei Wochen auf der Intensivstation im Barcelonaer Krankenhaus. Larietto fand diesen Brief wieder in seinem Papierkorb, machte 20 Kopien und alles versandte er weiter. Neun Tage später bekam er vom Krankenhaus die Nachricht, daß sein Sohn gerettet wurde und wieder ganz gesund werden würde.
Für keinen Grund, welcher auch immer, sollte diese Kette unterbrochen werden. *Vergessen Sie das nicht! – Spenden Sie kein Geld!* – Ignorieren Sie diesen Brief nicht!!! Er funktioniert!"

Kommentar

Es sei unbestritten, daß man auf die obige Art und Weise sehr schnell und effektiv Ideen und Botschaften über die ganze Welt verbreiten kann: z. B. über den Frieden oder Nächstenliebe – und beides wäre zweifellos notwendig.
Und: Es sei auch unbestritten, daß das eine oder andere der genannten abschreckenden Beispiele über die negativen Folgen des Nicht-Weitersendens *tatsächlich* eintreten könnte. Denn:
a) Jeder emotionelle Gedanke hat körperliche Auswirkungen.
   So weiß jeder aus eigener Erfahrung, daß der *bloße Gedanke* an eine gute Mahlzeit zu **physiologischen Reaktionen** wie Speichelfluß, Angstgedanken zur Pulsbeschleunigung, Blaßwerden, Durchfall führen etc ...
b) Durch die Suggestion „glühende Münze auf Ihrer Haut" – und eine solche („Hypnose") wirkt ausschließlich über suggerierte *Eigen*gedanken des Hypnotisierten – können nach-

gewiesenermaßen **krankhafte Zustände** wie *Brandblasen* erzeugt werden.
c) Schließlich sind Fälle von rein psychisch verursachtem **Tod** bei Tieren und Menschen klar nachgewiesen und dokumentiert.

In unbewußten Gestaltungskräfte des Menschen arbeiten gesetzmäßig an der Realisierung innerer Gedankenbilder. Die Realisierungspotenz ist umso höher, je häufiger, intensiver und plastischer die Gedanken gedacht werden.

In vielen Fällen wird der Empfänger des oben zitierten Kettenbriefes sich zwar *äußerlich* dem Zwang des Weiterschickens widersetzen, *innerlich* dennoch von den massiven Drohungen so beeindruckt sein, daß in seinem Unterbewußtsein lebhaft und permanent die geschilderten Bilder des „Ungehorsams" gegenwärtig sind: Cario Cogetti, der arbeitslos wurde. Sain Furchild, der neun Tage nach dem Wegwerfen des Briefes starb. Ramon Larietto, dessen Frau bei der Geburt seines kranken Sohnes umkam. In solchen Fällen wird der „Ungehorsam" **tatsächlich** genau wie vorhergesagt negative Folgen haben:
Analog der vorgenannten Beispiele a–c gilt:
a) Wer zwar rational „über der Sache steht", sich aber innerhalb der 96 Stunden immer wieder bei **Gedanken** an die Drohungen ertappt, wird – merkbar oder unmerkbar – leichte körperliche funktionelle Störungen (wie vermehrte Magensaftproduktion, leichte Verkrampfungen etc.) bekommen (und sich auch psychisch „irgendwie unwohl" fühlen).
b) Wer von dem Inhalt des Briefes nachhaltig beeindruckt ist und – egal, ob bewußt oder unbewußt – **Angst** vor den Folgen seiner Weigerung hat, der muß tatsächlich mit gravierenden körperlichen Folgen – z. B. nach Monaten ein Magengeschwür o. ä. – rechnen.
c) Wer an die Drohungen **glaubt** (Glaube kann bekanntlich – in positiver wie negativer Hinsicht – Berge versetzen und Wunder bewirken) könnte theoretisch im Extremfall tatsächlich schließlich sterben, und sei es deshalb, weil das o. g. Magengeschwür durchbricht (Verbluten oder Bauchfellentzündung) oder bösartig entartet (Magenkrebs).

Somit ergibt sich die notwendige Wertung des zitierten Kettenbriefes von selbst:
1. Solche Briefe (egal welchen Inhalts) sind ein übler Unfug, der schwerste Schäden verursachen und daher nicht scharf genug verurteilt werden kann. Es handelt sich nicht um unverbindliche (und doch noch wirksame) Werbung (wie wir sie sonst gewohnt sind) für irgendeine Idee, sondern um gezielte, raffinierte **Hypnose:** Während in unserem Beispiel „nur" Brandblasen suggeriert werden, wird hier versucht, Arbeitslosigkeit, kranke Kinder und baldigen Tod durch Hypnose bei denen effektiv herbeizuführen, die dem Briefschreiber nicht gehorchen. Und daß Hypnose bei sehr vielen Menschen mehr oder weniger stark wirksam ist, ist wissenschaftlich zweifelsfrei. Der Brief erfüllt den Tatbestand der Nötigung und des Psycho-Terrors und entspricht in etwa anonymen Droh-Telefonaten, obwohl andauernd von „Glück" und Lottogewinnen in Millionenhöhe die Rede ist.
2. Der Kettenbrief ist aber andererseits in idealer Weise dazu geeignet, sich klar zu machen, nach welchen psycho-somatischen Gesetzmäßigkeiten die „psycho-somatische Einheit Mensch" funktioniert. Empfänger des Briefes, die zu entsprechenden Überlegungen und Erkenntnissen über die Macht der Gedanken angeregt werden und entsprechende Folgerungen (s. u.) ziehen, haben durch den Brief sogar in ganz entscheidender Weise gewonnen.

Praktische Anwendung

Gesprochene oder geschriebene Worte, Bilder oder Filme beeinflussen Sie nur dann nicht, wenn diese bei Ihnen „auf taube Ohren stoßen" oder Sie „völlig kalt lassen".
In dem Moment, wo sich aber in Ihnen die fremden Gedanken „fortpflanzen", werden Sie schon psychisch und körperlich manipuliert, ob Sie sich das nun eingestehen oder nicht.
Wenn Sie sich z. B. über irgendetwas ärgern, findet eine totale Umschaltung Ihres ganzen vegetativen Nervensystems statt und damit aller Organfunktionen.

Wenn Sie jemand „Idiot" nennt, und Sie ärgern sich (auch ohne sich etwas anmerken zu lassen), hat Ihr Widersacher sein Ziel voll erreicht: Er hat Ihnen schweren und meßbaren *körperlichen*(!) Schaden zugefügt.
Da immer *Sie sich selbst* (über etwas) ärgern, haben Sie sich selbst damit bestraft, nicht etwa den (vermeintlichen oder tatsächlichen) Verursacher Ihres Ärgers.
Es ist zwar nicht einfach, aber mit viel Training zunehmend erlernbar: „Herr im eigenen Haus" zu werden, d. h.: selbst zu bestimmen, welche Gedanken einem durch den Kopf gehen.

Vorurteil und Mißverständnis

Der Fall

„In der Literatur bekannt ist das Beispiel des Chefarztes, der bei der Visite am Bett eines an einer ‚unheilbaren Krankheit' darniederliegenden Patienten vorbeiging, um nicht unnütz Zeit an diesen zu verlieren. Dabei zeigte er nur mit dem Finger auf den armen Menschen und informierte die begleitenden Ärzte mit der Bemerkung ‚moribundus' (todgeweiht). In Unkenntnis des Lateins deutete der Patient dieses Wort als günstig und die ihm nicht mehr zugewendete Aufmerksamkeit als Zeichen, daß er sie wegen seiner bevorstehenden Gesundung nicht mehr benötige – und wurde gesund."

Kommentar

Bei kritischer Betrachtung des Falles sollte man annehmen, daß hier noch andere Faktoren im Spiel waren, die sich auf den Gesundungsprozeß günstig auswirkten. Daß aber das geschilderte Ereignis mit von Bedeutung war, ist sicherlich nach den heutigen Kenntnissen über psychosomatische Zusammenhänge nicht zu bezweifeln. Wie wirkten diese Mechanismen hier?
Zunächst muß man davon ausgehen, daß der vermutlich einfach strukturierte Patient bisher offensichtlich keine schlechten Erfahrungen mit Ärzten gemacht hatte und daher Vorurteile hatte, die nicht unbedingt der Realität entsprechen:
- Der Arzt weiß alles und kann exakt einschätzen, wer gesund wird.
- Nur der hat Anspruch auf die kostbare ärztliche Zuwendung, der sie objektiv auch wirklich braucht.

Bei diesen vorgefertigt vorhandenen Engrammen über das Können und Verhalten von Ärzten **mußte** der Kranke aus der

Situation automatisch den Schluß ziehen: Der Arzt wendet sich mir nicht zu, also werde ich bereits von selbst gesund. Bei diesem totalen Vertrauen auf das Urteil des Arztes mußte das einzige gesprochene Wort „moribundus" wie eine **Zauberformel** wirken. Besser noch: Es wirkte wie eine mächtige Suggestionsformel bzw. *ein hypnotischer Befehl.*
Da man bekanntlich in Hypnose z. B. Brandblasen erzeugen kann, ist es letztendlich nicht verwunderlich, daß auf diese Art auch Gesundungskräfte (z. B. Immunsystem etc.) aller Art mobilisiert werden können.
Nach dem *Gesetz der Ideomotorik* (= Carpenter-Effekt) hat jede bildhafte Vorstellung, die wir in unserem Inneren entwickeln, die Tendenz, sich zu verwirklichen, wie sich z. B. mit dem Pendelversuch des Marquis de Chevreuil (1812) oder der Armlevitation nach Kohnstamm nachweisen läßt.
Anders ausgedrückt: Auch bzw. gerade die vegetativen und unbewußten Körperfunktionen werden von den Gedanken des Menschen gesteuert. Vorstellungen, innere Gedankenbilder, Erwartungen bringen die Gesundungskräfte in Gang (oder lähmen sie), und zwar umso mehr, je emotioneller diese sind. Fester Glauben ist die stärkste Form eines steuernden Gedankenbildes und hat daher eine enorme Realisierungstendenz, wie wir ja bereits aus der Bibel („Dein Glaube hat Dir geholfen", „Glaube versetzt Berge", „Euch geschehe nach Eurem Glauben") wissen.
Im geschilderten Fall beruhte die Gesundung des Kranken zwar auf dessen *Vorurteilen* und einem gravierenden *Mißverständnis* – hier aber beides zum Vorteil des Patienten. Häufiger aber ist es umgekehrt: Patienten deuten für sie unverständliche Fachausdrücke, Gesten oder den Gesichtsausdruck des Arztes fälschlicherweise zu ihren Ungunsten, wodurch ihr Leiden automatisch in Richtung Verschlechterung programmiert wird. Das zeigt nichts besser als das eingangs zitierte Beispiel: Hätte der Patient Latein gekonnt, wäre unter den gegebenen Voraussetzungen (unbedingter Glaube an das Urteil des Arztes) die Suggestionsformel „moribundus" ein klares Todesurteil gewesen.

Praktische Anwendung

Überzeugen Sie sich selbst davon, daß auch *Ihr* Unterbewußtsein Gedankenbilder absolut zuverlässig in körperliche Reaktionen umsetzt:

Der o. g. Pendelversuch des Marquis de Cevreuil (1812):
Basteln Sie sich aus einem Bindfaden und z. B. einem Fingerring ein Pendel. Konzentrieren Sie sich auf den Ring und schauen Sie ihn unentwegt an. Stellen Sie sich dabei vor, daß das Pendel anfängt, Kreise zu drehen (oder daß es sich hin und her bewegt). Obwohl Sie Ihre Hand willentlich keinen Millimeter bewegen, wird das Pendel jede Bewegung ausführen, die Sie sich – in entspanntem Zustand – bildhaft und intensiv vorstellen.

Vielleicht verstehen Sie nach diesem Versuch besser, wie wichtig es ist, positive Gedanken bewußt zu verstärken und negativen Gedanken bewußt „aus dem Weg zu gehen".

Literatur
Meinhold W.: Spektrum der Hypnose. Genf 1980 (S. 35).

Antizipierende Übungen

Der Fall

„Die *bloße Vorstellung* von Bewegungsabläufen, sogenannte antizipierende Übungen, können schon zu einer beträchtlichen Leistungsverbesserung beitragen. Hoffmann berichtet von einer Gruppe von Sportstudenten, die 14 Tage lang täglich zehn mal zehn Minuten in der Vorstellung Hürdenlauf trainierten. Es kam dadurch zu einer Verbesserung der Zeit im 110-Meter-Hürdenlauf um 0,57 Sekunden. Im Vergleich zu einer Kontrollgruppe betrug die Leistungssteigerung rund 100 Prozent. (Hoffmann B.: Handbuch des autogenen Trainings. München 1977. S. 302)

Eine Schießsportgruppe kam vor einiger Zeit zu uns in die Praxis. Sie stand vor wichtigen Wettkämpfen und wollte deshalb ihre Leistungen weiter steigern. Das Problem dieser Gruppe war, daß die Trainingsleistungen weit besser waren als die im Wettkampf erzielten Treffer. Wir lehrten die Mitglieder der Gruppe eine wirkungsvolle Entspannungstechnik und empfahlen, sich mehrmals täglich in eine tiefe Entspannung zu versetzen und sich in diesem Zustand den Ablauf des kommenden Wettkampfes bildhaft mit guten Wettkampfergebnissen vorzustellen.

Obwohl die Mitglieder der Gruppe bezüglich des Transfers in die aktuelle Wettkampfsituation etwas skeptisch waren, trainierten sie regelmäßig und erreichten ein außergewöhnlich gutes Wettkampfergebnis. Das beste Ergebnis seit Bestehen des Vereins, Vereinsrekord und die Meisterschaft des Bezirks belohnten diese Bemühungen."

Kommentar

Es ist eine Binsenweisheit, daß alles besser geht, wenn man eine Aufgabe vorher durchdacht, man sich mit ihr vertraut gemacht hat. Es ist bekanntlich ein Unterschied, ob man mit einer Aufgabe plötzlich und völlig unvorbereitet konfrontiert wird oder ob man Zeit hat, sich auf eine Sache „einzustellen".
„Innere Einstellung" – das ist das entscheidende Schlüsselwort. Es wirft die Frage auf, was in uns vorgeht, wenn wir uns auf eine Aufgabe mental vorbereiten. Auch ohne psychologische Kenntnisse kann man sich leicht vorstellen, daß durch die bloße Vorstellung von Bewegungsabläufen die motorischen Funktionen irgendwie „gebahnt" oder „gängig gemacht" werden und dann bei der tatsächlichen Ausführung leichter und „wie geschmiert" ablaufen.
Das ist aber auch psychologisch bzw. medizinisch seit langem gesichertes Wissen. Schon 1874 entdeckte der britische Mediziner Carpenter die Tatsache, daß jede bildhafte Vorstellung, die wir in uns entwickeln, die Tendenz hat, sich körperlich zu realisieren. Experimentelle Beispiele sind z. B. der Pendelversuch des Marquis de Chevreuil und der Armlevitationsversuch nach Kohnstamm. Der Carpenter-Effekt wird in der Fachliteratur auch als „Ideomotorisches Prinzip" bezeichnet.
Sämtliche bewußten und unbewußten Körperfunktionen werden durch unsere Gedanken gesteuert. Nur entsprechende Motivation (bildhafte Gedanken von starker Intensität und hohem Gefühlswert) befähigt uns zu außergewöhnlichen Leistungen. Im Extremfall verfügt der Mensch über Kräfte, die er vorher nie für möglich gehalten hätte: Eine Mutter, deren Kind lebensgefährlich eingeklemmt war, konnte plötzlich einen tonnenschweren Stein bewegen, obwohl sie sonst kaum in der Lage war, auch nur einen vollen Koffer zu tragen.

- Jeder willkürlichen Bewegung muß ein entspr. Gedanke vorausgehen.
- Auch unwillkürliche „autonome" körperliche Vorgänge werden durch Emotionen beeinflußt.
- Körperliche Vorgänge können durch gedankliche „Trockenübungen" gebahnt werden.

- Außergewöhnliche körperliche Leistungen sind immer nur durch außergewöhnliche gedankliche Motivation möglich.
- Gedanken sind umso wirksamer, je intensiver, öfter, bildhafter und emotioneller sie gedacht werden.
- Mentale Trockenübungen haben eine höhere Programmierungskraft, wenn sie in entspanntem Zustand („meditativ") eingespeichert werden.

Praktische Anwendung

Ein gutes Beispiel, wie Sie diese Erkenntnisse für Ihre alltäglichen Probleme nützen können: Sie machen gerade den Führerschein. Dabei ist es anfangs sehr verwirrend, wann und wie die Kupplung getreten und wann und wohin der Schalthebel bewegt werden muß. Solche Bewegungsabläufe müssen eben wieder und wieder eingeübt werden, bis sie ganz automatisch ablaufen (denn kein geübter Autofahrer denkt beim Schalten noch an das Schalten). Bezüglich des Übens haben Sie nun die Wahl:
- Sie können während der Fahrstunde üben. Jeder Fehler macht Sie immer nervöser und verkrampfter. Je mehr Sie sich anstrengen, umso häufiger „läßt das Getriebe grüßen". Der Fahrlehrer freut sich trotzdem, denn er wittert viele Übungsstunden und eine verpatzte Prüfung – beides bringt ihm mehr Geld.
- Sie können es sich zu Hause auf dem Sofa ganz bequem machen, die Augen schließen und alles in der Vorstellung üben: Kupplung treten, 1. Gang einlegen, Kupplung langsam los und gleichzeitig langsam Gas; Kupplung treten, 2. Gang etc ... Ampel; Bremse, Kupplung, Gang in den Leerlauf ... etc. Sie können sicher sein: Diese Trockenübung ist mindestens so wirksam wie echtes Fahren, angenehm und äußerst preiswert. Sie hat nur einen wesentlichen Nachteil: Ihr Fahrlehrer wird nicht reich, denn Sie brauchen ihn nur noch für solche Lernanteile, die mental schlechter oder gar nicht simuliert werden können.

Weitere Beispiele gäbe es en masse:
- Sie haben am nächsten Tag eine Besprechung beim Chef und malen sich vorher Ihr ruhiges, sachliches und angstfreies Auftreten möglichst bildhaft aus.
- Sie müssen eine Rede halten und trainieren daher mental die schwierigen Passagen, insbesondere den entscheidenden Beginn, an dem Sie Ihre Aufregung beherrschen und die Zuhörer gewinnen müssen.
- Sie haben eine schwierige handwerkliche Arbeit vor sich. Einige Tage vorher setzen Sie sich entspannt hin und denken den ganzen Arbeitsablauf mit allen möglichen Komplikationen und auftretenden Schwierigkeiten durch.

Ein abendlicher Spaziergang oder die Zeitspanne zwischen dem Zu-Bett-Gehen und dem Einschlafen sind – wegen der suggestiv hochwirksamen Entspannung – überhaupt ideal dazu geeignet, generell den nächsten Tag geistig vorzuplanen und alle anstehenden Probleme incl. der möglichen Lösungsmöglichkeiten im Geiste Revue passieren zu lassen. Dadurch programmieren Sie Ihr Unterbewußtsein, das während Ihres Schlafes, ohne Ihr Wissen und ohne Ihre bewußte Beteiligung, gesetzmäßig hocheffektiv und ermüdungsfrei an der Lösung aller bildhaft eingespeicherten Probleme arbeitet. Morgens beim Duschen fällt Ihnen dann oft „wie aus heiterem Himmel" die eine oder andere Lösung ein, oder Sie wissen unmittelbar beim Eintreten in das Zimmer des Chefs plötzlich ganz genau, wie Sie sich zu verhalten haben, obwohl Sie 10 Minuten vorher noch ganz unsicher waren.

Literatur
Axt P. u. H. Fuchs: Die Wandlungskraft des positiven Denkens (Autosuggestion als Lebenshilfe). Herder-Taschenbuch Band 1222, 1985.

Kalif und Traumdeuter

Der Fall

„Der Kalif Harun al Raschid steckte einst einen Traumdeuter in den Kerker, der ihm einen mysteriösen Traum so deutete: ‚Ehrwürdiger Herrscher, ich muß Dir großes Unheil verkünden – Du wirst alle Deine Angehörigen verlieren',
während ein anderer Traumdeuter mit tausend Goldstücken belohnt wurde, der das gleiche positiv formuliert hatte: ‚Ehrwürdiger Herrscher, ich habe Dir großes Heil zu verkündigen – Du wirst alle Deine Angehörigen überleben.'"

(Deutsches Ärzteblatt 49, 1986)

Kommentar

Alles im Leben hat bekanntlich zwei Seiten, und man kann daher jedes Ereignis positiv oder negativ sehen. Einige Beispiele aus dem täglichen Leben:
- Unter den Teilnehmern einer *Fernreise* durch Fernost oder Südamerika sehen die einen immer nur die schreckliche und deprimierende Armut, die Beschwerlichkeiten und den Mangel an Bequemlichkeit; „nie wieder" sagen solche Nörgler. Andere sind begeistert von dem Abenteuer, der Abwechslung, der Romantik etc.
- Während sich manche junge Mädchen pigmentierte Muttermale als kosmetisch störend operativ entfernen lassen, malen sich andere einen solchen *Schönheitsfleck* erst an.
- Eine Familie macht eine *Bergwanderung;* für die Eltern ist sie ein wunderbares Naturerlebnis, für die Kinder, die gegen ihren Willen mitkommen mußten, eine unnötige Anstrengung und Hindernis für ihre eigenen Interessen.
- *Gartenarbeit* empfinden viele als nachhaltig erschöpfende „Knochenarbeit", anderen ist sie liebstes Hobby, dem sie

jede Minute ihrer Freizeit opfern und aus dem sie Kraft und Erholung schöpfen.
- Der eine jammert andauernd über die Mühsal und Last des täglichen *Gelderwerbs*. Der andere sieht in seinem Beruf eine Berufung, die willkommene Möglichkeit zur Kreativität und zur Selbstverwirklichung, zum Kräftemessen, zur Erbringung von Leistung und zum Erzielen von Erfolg.
- Für den einen ist eine *Herausforderung* („Streß") „Dysstreß" (negativer, krankmachender Streß), für den anderen „Eustreß" (positiver, gesunder Streß).
- Für die meisten Menschen wäre eine *Erbschaft* oder ein Lottogewinn der denkbar größte „Glücksfall". Man kann einen solchen Glücksfall aber auch – mit gutem Grund – weniger positiv sehen, nämlich als Bremse für die Eigeninitiative, als Hindernis für die Persönlichkeitsentwicklung etc.
- Überhaupt bedeutet *Geld* nicht für alle Menschen das größte Ziel. Viele sind zu der gegenteiligen Erkenntnis gekommen, nämlich daß „Geld nicht glücklich macht" und nur die innere und äußere Freiheit des Menschen einschränkt.

In allen Fällen – wie auch in dem Märchen – ist das eine so richtig wie das andere. Es geht hier nicht um die Frage „richtig oder falsch", „wahr oder unwahr", „realistisch oder unrealistisch", sondern um die Alternative „glücklich oder unglücklich", „lebensfroh oder depressiv", „erfolgreich oder erfolglos", „gesund oder krank". *Jeder Mensch hat in jedem Fall die freie Wahl,* und es ist sehr schwer verständlich, warum die meisten Menschen sich für die jeweils negative Alternative entscheiden.

Praktische Anwendung

In den meisten Märchen sind tiefe Lebensweisheiten verborgen, so auch in der orientalischen Geschichte vom Kalifen und den Traumdeutern:
- Wenn wir es uns angewöhnt haben, immer alles negativ zu sehen und die positiven Aspekte des Lebens zu ignorieren,

so leben wir – wie der 1. Traumdeuter – in einem *selbsterschaffenen „Kerker"*.

- Wenn wir es uns jedoch zur Gewohnheit machen, den nicht minder wahren positiven Aspekt der Dinge hervorzuheben, so werden wir – zwar nicht von einem Kalifen mit 1000 Goldstücken, aber nicht minder großzügig – *vom Leben „belohnt"*.

Der Sinn des Märchenerzählens war und ist, daß die verschlüsselten Wahrheiten immer weitervermittelt werden, sich im Gedächtnis wie auch im Unterbewußtsein der Menschen verankern und im Leben berücksichtigt bzw. praktisch angewandt werden. Unser Märchen fordert uns also auf, so „clever" zu sein wie der 2. Traumdeuter: uns nicht einkerkern, sondern durch *positives Denken* vom Leben täglich neu beschenken zu lassen. Machen Sie's wie der kluge Traumdeuter!

Die Quelle der „Lebenskraft"

(Sozialer und biologischer Tod)

Die Untersuchung

„Der ‚soziale Tod' geht meist dem biologischen voraus.
Die ältere Generation sieht sich vor allem mit dem Problem der gesellschaftlich bedingten Absonderung konfrontiert. Dies führt sie in die soziale Isolation, seelische Vereinsamung und Resignation. Dieser ‚soziale Tod' habe in erster Linie ein *Absinken der Lebenskraft* zur Folge und sei dem biologischen Tod überzuordnen. Diesen Schluß ziehen Prof. Dr. Walter Bachmann und Dr. Roland Bartel vom Institut für Heil- und Sonderpädagogik der Justus-Liebig-Universität Gießen und fordern die Entwicklung des Berufsbildes ‚Geragoge' als Beitrag, alten Menschen Lebenskraft, Lebensfreude und -bejahung im Alter zu erhalten und das Wohlbefinden wiederherzustellen."

<small>(tv-Beilage mtv in Medical Tribune 42/86)</small>

Kommentar

Die entscheidende Erkenntnis der Beobachtung:
Es ist nicht nur der altersbedingte körperliche Abbau, sondern vor allem fehlende mentale Stimulation bzw. Motivation, die ein Absinken der Lebenskraft verursacht!
Nach dem Gesetz der Ideomotorik (auch „Ideomotorisches Prinzip" oder „Carpenter-Effekt") hat jede intensive bildhafte Vorstellung im Menschen die Tendenz, sich zu verwirklichen. Umgekehrt gesagt: Jedem Geschehen gehen entsprechende Gedanken voraus, jeder körperlichen Veränderung entsprechende gedankliche Bilder.
Es ist die Erwartung des Menschen, die seinen Körper programmiert.
– Wer Gesundheit zuversichtlich *erwartet,* mobilisiert damit Heilungskräfte.

- Wer Krankheit erwartet bzw. *fürchtet*, wird schließlich erkranken.
- Wer den Tod *erhofft*, wird nicht lange auf ihn warten müssen.

Eigentlich ist uns diese Tatsache hinlänglich bekannt:
- Der „Rentnertod" ereilt den Menschen in dem Moment, wo er keine Aufgabe (keine innere Motivation) mehr hat.
- Viele alte Menschen wollen nach dem Tod ihres Ehepartners nicht alleine weiterleben und sterben (deshalb) sehr schnell nach deren Tod auch.
- Todkranke halten sich wie durch ein Wunder so lange am Leben, wie es eine dringende Aufgabe erfordert und sterben, sobald diese Aufgabe erledigt ist.
- In kritischen Situationen zwischen Leben und Tod entscheidet – wie jeder Arzt weiß – der Lebenswille des Patienten über den Patienten. Dieser stirbt erst dann, wenn er sich selbst aufgibt.

Gedankliche „Aufgabe" (Aufgeben) ist auch die häufigste Ursache für das Absinken der Lebenskraft im Alter.
- Zunächst gibt die Gesellschaft die Alten auf: Man traut ihnen nichts mehr zu, überbewertet körperliche Mängel und berücksichtigt nicht, daß körperliche Unzulänglichkeiten durch positive Motivation mehr als ausgeglichen werden könnte.
- Diese Einstellung der Gesellschaft überträgt sich unweigerlich mehr und mehr auf das Denken des Betroffenen selbst: Er traut sich selbst bald nichts mehr zu, und die Tatsachen scheinen diese fehlerhafte Meinung zu bestärken, da die belebende Eigenmotivation immer geringer wird. Er gibt sich mental selber auf.
- Schließlich überträgt sich die mentale Einstellung des alten Menschen auf den körperlichen Bereich. *Erst mit abnehmendem Lebenswillen nimmt die Lebenskraft tatsächlich ab*. Erst die soziale Ächtung schwächt die tatsächlich vorhandene körperliche Vitalität und führt schließlich zum biologischen Tod (körperliche Aufgabe).

Dieser Zusammenhang zwischen Gesellschaft, Eigen-Gedanken und somatischer Realisierung gilt nicht nur für den Abbau im Alter, sondern in jedem anderen Lebensbereich auch. Es handelt sich um die *grundsätzlich gültige Kausalitätskette von Fremdsuggestion→ Autosuggestion→ Körperreaktion!*

Praktische Anwendung

Dementsprechend ist der in dem zitierten Artikel geforderte „Geragoge" schön und gut. Nach den besprochenen Gesetzmäßigkeiten müßte dieser aber in der Lage sein, den sozial ins Abseits gestellten alten Menschen gedanklich umzupolen (neue Pläne, neue Ziele, Zuversicht, Hoffnung, Glaube etc.), obwohl er an der sozialen ursächlichen Situation ja nichts ändern kann. Es gibt nur 3 konkrete Hilfsmöglichkeiten:
- Fremdhypnose, also der Versuch, dem Alten etwas einzureden, was nicht den Tatsachen entspricht.
- Die Betrachtungsweise des Betroffenen zu ändern, also zu motivieren. Obwohl an der Tatsache der sozialen Isolation momentan konkret nichts zu ändern ist, kann man den Blick des Alten auf trotzdem noch verbleibende lohnende Aufgaben lenken.
- Am besten ist es natürlich, konkret neue Aufgaben und Lebensziele zu schaffen, wie z. B. Aufsichtsfunktionen über Kinder, Tiere, Häuser im Urlaub oder sonstige soziale Funktionen innerhalb einer Gruppe oder am besten in der Familie.

Eines sollte klar geworden sein: Alle Maßnahmen von außen können nur dann fruchten, wenn sie zur Folge haben, daß sich *im* betroffenen Menschen selbst etwas ändert: nämlich dessen Gedanken.

Das Bild des Menschen von sich selbst
(Selbstauffassung, Selbstwertgefühl)

Der Fall

„Als ich vor vielen Jahren meine Praxis für Plastische Chirurgie eröffnete, war ich zunächst immer wieder verblüfft über die nahezu dramatisch abrupten Veränderungen der Persönlichkeit, sobald ein Schönheitsfehler oder eine Mißbildung im Gesicht eines Patienten korrigiert war. In vielen Fällen schien die Änderung des physischen Bildes einen völlig neuen Menschen zu schaffen. Es kam mir oft so vor, als hätte mein Skalpell magische Kräfte, als sei es in der Lage, nicht nur das Aussehen meines Patienten zu verbessern, sondern auch seine gesamte Lebensauffassung zu verwandeln. Ängstliche Leute wurden mutig, mürrische freundlich, und Patienten, die vorher stets bescheiden im Hintergrund gestanden hatten, gingen nun aus sich heraus."

Kommentar

Die alltägliche Beobachtung plastischer Chirurgen zeigt, daß der Mensch nicht das ist, was er ist, sondern das, was er von sich denkt. Um bei dem Wortspiel zu bleiben: Der Mensch ist deshalb auch das, was er *ißt*. Wenn er nämlich denkt, daß er diese oder jene Speise nicht verträgt, ist die Wahrscheinlichkeit sehr groß, daß sein Magen tatsächlich streikt. Viele Diäten haben oder hatten an sich keinen besonderen gesundheitlichen Wert; entscheidend war der mit ihrer Verordnung kombinierte suggestive Effekt, der sie tatsächlich bei diversen Krankheiten effektiv machte.

Gedanken haben immer körperliche Auswirkungen:
a) Wer sich für glücklich hält, ist glücklich und sieht glücklich aus.
b) Wer sich für ansprechend bzw. hübsch hält, lächelt oder strahlt und ist daher auch ansprechend und hübsch.

c) Wer sich für erfolgreich hält, tritt erfolgreich auf und ist daher auch erfolgreich.
d) Wer sich für gesund hält, verhält sich damit gesundheitsfördernd und bleibt oder wird gesund.

Leider ist der geschilderte Fall, in dem sich Menschen durch Änderung ihrer Gedanken positiv wandeln, eher selten. Das Gegenteil ist dagegen bezeichnenderweise ausgesprochen häufig, um nicht zu sagen alltäglich:
Das Paradebeispiel für grundlos negative Gedanken sind Minderwertigkeitskomplexe: Sie wirken genauso wie eine plastische Operation, jedoch mit umgekehrtem Vorzeichen. Wer glaubt, er sei zu klein, zu groß, die Nase wäre zu lang, zu kurz oder schief etc., der fühlt sich nicht nur unglücklich, sondern
– benimmt sich auch so, als wäre er zu klein, zu groß ... (s.o.) und fällt dadurch tatsächlich negativ auf.
– ist grundsätzlich gehemmt und damit erfolglos.
– errötet nicht nur typischerweise, sondern kann jede andere psychosomatische Störung haben.

Unendlich viele Menschen sind als Folge unberechtigter negativer Denkgewohnheiten – in Umkehrung des o.g. Kausalzusammenhanges – unglücklich (a), griesgrämig und damit „häßlich" (b), erfolglos (c) und vor allem krank (d).

Praktische Anwendung

Wesentlich weniger als *1* Prozent der Bevölkerung leidet an tatsächlich entstellenden Mißbildungen. Die übrigen *99* Prozent aber leiden mehr oder weniger, zeitweilig oder immer an objektiv unberechtigten Minderwertigkeitskomplexen, an einer *entstellten Selbstauffassung.*
„Die Einschätzung des eigenen Wertes ist unerhört wichtig, sie ist viel wesentlicher und kritischer als der korrigierte (subjektive, fehlinterpretierte) Eindruck, den der Spiegel vermittelt. Der Mensch überträgt diese Vorstellung von sich selbst auf seine Handlungen der Gegenwart und seine Pläne für die Zukunft.
Wenn Ihre Selbstauffassung Ihr Feind ist, stützt sie sich auf die Fehler, die Mißerfolge der Vergangenheit, sie untergräbt Ihre

Persönlichkeit und macht Sie auch in der Gegenwart zum Versager.
Ist Ihre Selbstauffassung jedoch wie ein geschätzter Freund, wird sie Ihnen im Vertrauen auf die Erfolge und das Glück der Vergangenheit Mut und Zuversicht für Ihr gegenwärtiges Leben schenken."
Die Bedeutung „harter Fakten" wird oft überschätzt. Allein was Sie (und andere) denken ist wichtig! Besonders schlimm ist es, wenn die „Fakten" nur in Ihrer Einbildung existieren.
Der erste und wichtigste Schritt ist:
Ändern Sie Ihr Denken über sich selbst!
Gönnen Sie sich ein positiv korrigiertes Selbstwertgefühl.
Die positiven seelischen, sozialen, wirtschaftlichen und gesundheitlichen Folgen stellen sich dann ganz von selber ein.

Übrigens: „Minderwertigkeit und Überlegenheit verhalten sich zueinander wie die beiden verschiedenen Seiten einer Münze – und Sie müssen sich klarmachen, daß diese Münze Falschgeld ist; denn die einfache Wahrheit ist, daß Sie keinem Ihrer Mitmenschen „unterlegen" oder „überlegen" sind."

Literatur
M. Maltz: So können Sie werden, wie Sie sein möchten. Ariston paperback, 1970.

Erst Kinderlähmung, dann Olympiasieger

Der Fall

„Eine amerikanische Sportlerin war in ihrer Kindheit an spinaler Kinderlähmung erkrankt. Sie konnte sich durch Jahre nur mit Beinschienen mühsam fortbewegen. Ihr erstes Ziel war die Wiedererlangung der Gehfähigkeit. Als ihr dies durch *größten inneren und äußeren Einsatz* weitgehend geglückt war, zielte sie auf das Mitmachenkönnen beim Ballspiel und später beim Sport und sodann beim Lauf und beim Rennlauf: Schließlich wurde sie Spitzenläuferin und errang bei den olympischen Spielen 1960 in Rom 3 Goldmedaillen für ihr Land. Ohne *stete innere Vorplanung* ihrer jeweiligen Ziele und ohne ihren *Glauben an Sieg* hätte dies die „schwarze Gazelle", Wilma Rudolph, niemals erreicht!"

Kommentar

Das mentale Basis-Gesetz:
Unser Unterbewußtsein und die ihm zur Verfügung stehenden Gestaltungskräfte arbeiten unabhängig an der Realisierung unserer inneren Vorstellungsbilder.
- *Auch im negativen Sinn:* Fürchten wir etwas, also denken wir z. B. andauernd an einen eventuellen geschäftlichen oder gesundheitlichen Ruin, so heißt das nichts anderes, als daß wir unsere unbewußten Gestaltungskräfte unablässig auffordern, diese Denkinhalte zu realisieren. Dabei können wir uns auf unsere inneren Kräfte verlassen, sie arbeiten zuverlässig!
- *Auch im übertragenen Sinn:* Sind wir viel negativ gestimmt, also laufend über unseren Chef, unsere Familie, Gott und Welt „sauer", so werden wir buchstäblich beim Wort genommen; es kommt zur Hyperazidität etc., schließlich zum Magengeschwür!

Zurück zu den inneren Vorstellungsbildern im positiven Sinn:
- *„Innere Vorplanung"* (siehe das Zitat) ist eine hervorragende Methode zur Schaffung wirkungsstarker Vorstellungsbilder. Man arbeitet dabei gedanklich intensiv an der Schaffung eines realistischen Zielbildes – je plastischer, detaillierter, farbiger es wird, umso besser.
- Durch *starke innere Gefühle, „heiße" Wünsche* nach der Verwirklichung (Imagination), erhält ein solches Zielbild immer mehr Realisierungskraft. Dieser Faktor ist viel wichtiger als „größter innerer und äußerer Einsatz" (siehe das Zitat).
  Das ist der entscheidende Punkt im Fall Wilma Rudolph: *Nicht trotz, sondern gerade wegen ihrer Behinderung* wurden ihre Zielbilder fast allmächtig. Man kann sich leicht vorstellen, daß das behinderte Kind sich intensivst und glühend, jahrelang und andauernd, einen leistungsfähigen Körper und gesunde Beine wünschte, mit denen es allen davonlaufen würde.
- *„Glauben* (an den Sieg)" (siehe das Zitat), den Wilma Rudolph sicher auch erst nach den ersten großen Erfolgen aufbringen konnte, ist gleichbedeutend mit felsenfester Überzeugung und damit das Vorstellungsbild mit der stärksten denkbaren Durchschlagskraft. Wer an etwas glaubt, dessen Unterbewußtsein mobilisiert zur Erreichung des Ziels alle verfügbaren Kräfte, von denen Wissenschaftler schätzen, daß sie um das 9fache über denen liegen, die wir selbst durch bewußte Willensanpassung maximal mobilisieren können.

Praktische Anwendung

Bei Wilma Rudolph erwuchs die Imagination fast von selbst aus ihrer Behinderung. Zu gleichen Leistungen wäre aber jeder fähig, der in sich eine gleich starke Imagination hervorrufen und pflegen kann. (Insofern sind wunschlos Glückliche schlecht dran, da bei ihnen natürlich auch keine Wünsche realisiert werden). Reines Wollen tut es nicht: Wer viel Geld haben, im Lotto gewinnen, von anderen bedient werden will etc., erbringt keinerlei imaginative Leistung. Im Gegenteil: Solche oberflächlichen Wünsche machen sich automatisch dort breit, wo echte „Herzenswünsche" nicht bestehen, sondern immer Leere, Langeweile, Überdruß. Wer aber mit Inbrunst, aus tiefstem Herzen Wünsche hegt (unter solchen Voraussetzungen sind Wünsche grundsätzlich immer sinnvoll und realistisch), der ist schon auf dem Weg zum Ziel. Schon Paracelsus wußte, daß die *Imagination* („Vis imaginativa") als „selbständiger Künstler das Können und alle Werkzeuge zu *allem*, was sie ausführen will", besitzt. (Nova acta Paracelsica. Imagination. VI-Jahrbuch 1952. Einsiedeln)

Literatur
Dr. med. E. Rauch: Autosuggestion und Heilung (Die innere Selbst-Mithilfe). Haug-Verlag Heidelberg, 1981.

Sich etwas „in den Kopf setzen"

Der Fall

Der bisher eher mittelmäßige, aber kontinuierlich schneller und besser werdende Rennfahrer P. X. hat es sich – nach den Ergebnissen der letzten Rennen realistischerweise – *in den Kopf gesetzt* („unbedingt", „mit Gewalt", „komme, was da wolle" etc.), bei den nächsten Rennen in die Wertung, d. h. unter die ersten 6 zu kommen.

So verlaufen die nächsten 3 Rennen:
- *Am 18. 3.:* Das Rennen ist insgesamt überdurchschnittlich schnell; aber auch P. X. wächst durch seinen festen Vorsatz über seine durchschnittlichen Leistungen weit hinaus und gelangt tatsächlich auf Platz 5!
- *Am 29. 5.:* P. X. erreicht mühelos Platz 3! Nach dem Wettbewerb erfährt er, daß dieses Rennen – mehrere Spitzenfahrer hatten unterschiedliche Probleme – ungewöhnlich langsam war. Bei gleicher Leistung wie am 18. 3. wäre P. X. als erster durchs Ziel gegangen.
- *Am 3. 9.:* P. X. liegt – infolge eines technischen Defektes beim Start – weit abgeschlagen im Mittelfeld. Er ist extrem unzufrieden und erregt, denn sein autosuggestiver, stark wirksamer Vorsatz bohrt in ihm und treibt ihn an. Bei dem verbissenen inneren Zwang, das fast Unmögliche doch noch mit Gewalt zu erreichen, macht er Fehler auf Fehler und verunglückt schließlich tödlich.

Kommentar

A) Einerseits ...
P. X. wünscht sich den Erfolg „aus ganzer Seele" und „mit allen Fasern seines Körpers" und malt sich die Situation immer wieder aus, wie er unter den ersten 6 das Ziel durchfährt und danach entsprechend geehrt, gefeiert und gewürdigt wird.

Solche inneren Zielbilder aktivieren gesetzmäßig das Unterbewußtsein und starke innere Kräfte – und zwar umso mehr, je bunter, detaillierter, intensiver sowie emotioneller und häufiger das Bild entworfen wird.
Sich etwas „in den Kopf zu setzen" heißt: Ein Zielbild mit hoher Realisierungspotenz in sich aufzubauen.
So ist P. X. an den Renntagen tatsächlich bzw. objektiv weit überdurchschnittlich konzentriert, ruhig, umsichtig, entspannt, souverän und fährt wesentlich perfekter als sonst; er denkt klarer, reagiert schneller, hat mehr Übersicht und macht somit – automatisch und ohne Anstrengung – 70% weniger Fehler als sonst.
Insofern ist es eine hervorragende – bewußt oder unbewußt angewandte – Technik, sich etwas „in den Kopf zu setzen" (alle mentalen, bes. unterbewußten Kräfte auf ein Ziel hin auszurichten, zu programmieren, motivieren, aktivieren), um außergewöhnliche Leistungen zu erzielen.
Im kleinsten Maßstab heißt das: „Erst denken, dann arbeiten."
Im größten Maßstab heißt das: Von dem Erreichen eines speziellen Ziels absolut sicher überzeugt zu sein und dementsprechend fehlerfrei zu handeln.
Wer sich ein realistisches Ziel unbeirrbar „in den Kopf setzt", der wird das Ziel mit großer Sicherheit auch erreichen!

B) Andrerseits ...
Entscheidend ist nun aber, daß man diese Erfolgs-Technik *richtig* gebraucht: Es hat der geschilderten Wirkungsweise entsprechend nur einen Sinn, sich „etwas in den Kopf zu setzen", was man **aus eigener Kraft** erreichen kann. Selbstverständlich kann man sich nicht daraufhin programmieren, eine Million DM in der Lotterie zu gewinnen, wohl aber, eine Million DM zu verdienen.
Das innere Zielbild, das sich der Rennfahrer P. X. „in den Kopf gesetzt hatte", war falsch gewählt: Der erreichte Rang in einem Rennen ist ja nicht nur von der eigenen Leistung, sondern viel mehr auch von der Leistung der Konkurrenten und diversen Zufällen abhängig.
So hätte sich P. X. – ohne jeden Vergleich – ausschließlich auf

optimale Eigenleistung, d.h. zum fehlerfreien Fahren programmieren sollen. Er hätte sich autosuggestiv immer wieder und möglichst gefühlsbetont vorstellen (imaginieren) müssen, wie er zum entscheidenden Zeitpunkt absolut konzentriert, emotionslos, fehlerfrei sein Fahrzeug steuert.

In diesem Fall hätte er im 2. Rennen den ersten Platz (anstatt Platz 3) erreicht und wäre im 3. Rennen nicht verunglückt.

Praktische Anwendung

- Führen Sie jede neue und schwierige Tätigkeit erst im Geiste durch, bevor Sie sich praktisch an die Arbeit machen.
- Durchdenken Sie alle eventuellen Fehler und alle Möglichkeiten, Fehler zu vermeiden bzw. alles besser zu machen.
- Gestalten Sie sich möglichst bunte, detaillierte – aber immer nur realistische – Zielbilder (im Gegensatz zu Zielbildern mit ihrer Realisierungstendenz bedeuten unrealistische Tagträume Zeitverschwendung und Flucht vor der Wirklichkeit).
- Je mehr Sie sich etwas wirklich aus tiefstem Herzen wünschen, umso größer wird die Realisierungschance infolge Mobilisierung Ihrer eigenen latenten Kraftreserven.
- Wählen Sie als innere Zielbilder ausschließlich solche, die nicht von Faktoren abhängen, die außerhalb Ihres eigenen Einflußbereiches liegen.
- Stellen Sie sich nicht nur das Ziel vor, sondern vor allem den Weg, auf dem das Ziel zu erreichen ist.

Falsche Denkgewohnheiten als häufigste Todesursache

Das Zitat

„Selbstmordrate weiter steigend
In der Bundesrepublik sterben nach Angabe des Statistischen Bundesamtes jedes Jahr *mehr Menschen von eigener Hand als bei Verkehrsunfällen*. Rund 13 200 Einwohner der Bundesrepublik haben im Durchschnitt der Jahre 1981 und 1983 Selbstmord begangen. Damit übersteige die Zahl der Selbstmorde pro Jahr die der im Straßenverkehr Getöteten um rund 2000. 1983 setzten 8500 Männer und 4600 Frauen ihrem Leben ein Ende. Bezogen auf jeweils 100 000 Einwohner bedeute das eine Selbstmordrate von 29,0 bei Männern und 14,3 bei Frauen."
(Arzt und Wirtschaft 15/85)

„Doppelt so viele Selbsttötungen wie Krebstodesfälle
Selbsttötung und Selbstbeschädigung mit tödlichem Ausgang, beispielsweise durch Überdosierung von Suchtmitteln, erreichen Zahlen, die immer wieder erschrecken. 1981 starben auf diese Weise 1422 junge Menschen, 1982 waren es 1417 und im folgenden Jahre 1342. Das waren rund 16 Prozent aller Todesfälle in diesem Alter, *weit mehr Tote als infolge von Krebskrankheiten* (1981: 691, 1982: 651, 1983: 599)."
(DAK-Magazin 2/85)

Kommentar

Über Maßnahmen zur Verhinderung von Verkehrsunfällen bzw. zur Senkung der Zahl von Verkehrstoten sowie über aufwendige Forschungen zur Bekämpfung der Krebserkrankungen hören und lesen wir in den Medien tagtäglich, über solche zur Reduzierung der Zahl von Selbsttötungen so gut wie nichts. Obgleich die Quote an Selbstmordtoten viel höher ist als die

von Verkehrs- und Krebstodesfällen, scheint im Hinblick auf deren Reduzierung offensichtlich völlige Rat- und Hilflosigkeit zu herrschen.
Dabei sind die Ursachen von Selbsttötungen sicherlich nicht schwerer auszumachen und Präventivmaßnahmen wesentlich leichter zu treffen:
Selbstmord ist in der überwiegenden Zahl der Fälle eine Reaktion entweder auf eine innere Sinn-Leere *(1)* (scheinbar *grundlose* Selbsttötung) oder auf Schicksalsschläge *(2)* (Selbsttötung *mit einsehbarem Grund).*
Eine Art von Schicksalsschlägen *(2a)* ist nun aber unvermeidbar und gehört zum Leben eines jeden Menschen: Jeder muß sich irgendwann mit dem Verlust seiner Eltern, mit dem eigenem Alterungsprozeß, evtl. schweren Krankheiten und schließlich mit der unvermeidbaren Tatsache des eigenen Todes auseinandersetzen.
Bei diesen mehr oder weniger gleichen Voraussetzungen ist es lediglich eine Frage der Denkweise bzw. Einstellung des einzelnen, wie er auf solche unvermeidbaren Unglücke reagiert: Er kann einerseits vor solchen absolut normalen Belastungen kampflos kapitulieren und sich voll Selbstmitleid erhängen bzw. erschießen. Oder er betrachtet Schicksalsschläge und jede Art von Problemen als Anlaß, durch deren Meisterung seelisch zu wachsen und stärker zu werden; die Auffassung, daß das Leben eine Art Schule ist mit dem Sinn, durch Aufgaben stetig zu lernen und sich dadurch weiter zu entwickeln, macht einen Menschen fast unbegrenzt belastbar.
Menschen mit einer solchen oder ähnlichen Motivation sind grundsätzlich nicht selbstmordgefährdet: Ihnen ist gerade auch die o. g. Sinnleere (1) fremd. Sie werfen die unvermeidbaren Schicksalsschläge (2a) nicht um. Die große Zahl vermeidbarer „Schicksalsschläge" *(2b)* wie familiäre Schwierigkeiten (Ehescheidung, Fehlentwicklung der Kinder wie Rauschgiftsucht oder Sektenhörigkeit etc.), berufliche Probleme (Arbeitslosigkeit, mangelnde Befriedigung etc.) und die große Zahl psychosomatischer Krankheiten (funktioneller oder organisch-fixierter Art bis hin zum Krebs etc.) aber kommt auf solche Menschen größtenteils gar nicht erst zu, weil diese

Probleme letztendlich selbstverschuldet – nämlich die Folge falschen Denkens – sind.
Selbstmordkandidaten denken negativ; aus dem negativen Denken resultieren negative Handlungen; falsches Verhalten aber muß zwangsläufig entsprechende Folgen – nämlich die obengenannten Mißerfolge in allen Bereichen des Lebens – nach sich ziehen. Denn das Unterbewußtsein realisiert gesetzmäßig die inneren Gedanken-Bilder eines Menschen. Pech und Mißerfolg sind somit fast immer selbstverschuldet; umgekehrt ist Glück und Erfolg der „Lebenstüchtigen" nicht Zufall, sondern die verdiente Folge bewußt positiven Denkens.

Praktische Anwendung

Aus den aufgezeigten Zusammenhängen geht hervor:
Während die Ursachen von Krebserkrankungen weitestgehend ungeklärt und daher auch nicht abstellbar, und auch die diversen Unfallfaktoren schwer zu beseitigen sind, sind die kausalen Zusammenhänge bei den meisten Selbstmordfällen klar erkennbar. Ganz im Gegensatz zu der auf diesem Gebiet herrschenden Resignation sind gerade hier wirksame präventive Maßnahmen durchaus möglich. Auf einen Nenner gebracht wären diese: Eine Erziehung (z. B. schon in den Schulen) zu positivem Denken und zur Erkennung eines Lebens-Sinnes.
Sinn-Suche ist das zentrale Anliegen der Logotherapie nach V. Frankl. Hier nur ein logotherapeutischer Gedanke, der jedem Selbstmörder einen Ausweg aufzeigen könnte:
„Das Schicksal ist oft weit weniger mächtig, als wir meinen, wenn es uns gelingt, ein positives dereflektorisches Gegengewicht zu setzen zu den schmerzlichen unveränderbaren Tatsachen. Körperliche Negativa, psychische Negativa oder äußere Negativa können durch Positiva aufgewogen werden, die wir mittels unserer geistigen Wahrnehmung „auskundschaften" und mittels unserer geistigen Energien verwirklichen.
Es gibt nichts, absolut nichts, worin unsere „Sonde für Gut und Bös" nicht auch etwas Gutes entdecken könnte."

Vorstellung, Meditation, Imagination

Das Zitat

- „**Vorstellung** schafft *Wirklichkeit*" (Graf Keyserling).
- „Alles **Imaginisieren** ist ein *Samen, der materialistisch wird. Zu allem* ist die Imagination imstande" (Paracelsus).
- „*Alles ist möglich*, dem der **glaubt**" (Markus 9,23).

Kommentar

Die Zahl gleichartiger Zitate bedeutender Persönlichkeiten aus verschiedenen Epochen könnte fast beliebig erweitert werden. Zu allen Zeiten war führenden Denkern die in allen Feststellungen enthaltene Grundtatsache klar:
  „*Gedanken sind unglaublich starke Kräfte.*"
Differenzen ergeben sich lediglich bezüglich der Einschätzung der Qualität der Gedanken einerseits und ihrer Realisierungskraft andrerseits.
Da die Bedeutung von Worten im Laufe der Zeit einem Wandel unterliegt, und theoretische Begriffe wie Vorstellung, Imagination, Glaube nicht einheitlich gebraucht werden, ist vor einem Vergleich zunächst eine klare Definition notwendig:

1	a)	Gezielter Gedanke	= **Vorstellung**
2	a)	Gezielter Gedanke	= **Meditation**
	b)	+ *Emotion/Empfindung*	
3	a)	Gezielter Gedanke	= **Imagination**
	b)	+ Emotion/Empfindung	
	c)	+ *Überzeugung/Glauben*	

Die Kraft der *Gedanken* (1) nimmt durch die Verbindung mit *Empfindungen* (2) und *Überzeugung* (3) entscheidend zu! Während *Vorstellungen* für die unbewußten (und zu ca. 90% von den Menschen ungenutzten) Kräfte noch relativ unverbindlich (und auch flüchtig) sind, hat *Meditation* (die konzentrierte Erschaffung von Zielbildern) bereits eine oft unglaubliche Wirkung. *Imagination* enthält nach der obigen Definition noch Glauben, der alleine schon bekanntlich Berge versetzen kann.

Nach dieser Definition zurück zu den Zitaten, deren Aussage sich so auch im Detail als korrekt herausstellt:

Die zitierte Imagination ist also der reinen Vorstellung als Kraft überlegen, während Imagination immer ein gewisses Maß an Glauben enthält. Unerschütterlicher Glauben ist die stärkste mentale Kraft schlechthin: ihr ist tatsächlich nichts unmöglich, und Imagination mit einem starken Glaubensgehalt ist tatsächlich zu allem imstande. Grundsätzlich muß jeder menschlichen Handlung und jedem Zustand des Menschen ein entsprechender Gedanke vorausgehen, so daß jede Wirklichkeit einer entsprechenden Vorstellung entspringt.

Praktische Anwendung

Nutzen Sie die klaren Gesetzmäßigkeiten zur **mentalen Zielgestaltung!**:

– Erschaffen Sie Ihre Ziele zunächst durch gezielten Einsatz der *Vorstellungskraft*. Wünschen Sie sich z. B. die Gesundung eines Organs oder die Fähigkeit, schnell einschlafen zu können, so stellen Sie sich diese Ziele immer wieder konzentriert und bildhaft vor.
Der Wille ist das Instrument, mit dem man seine Gedanken, seine Vorstellungen beliebig lenken kann. Aber: Direkter Willenseinsatz (z. B. „ich will einschlafen") bewirkt das Gegenteil des Gewünschten!
– Die wirkungsvollere *Zielmeditation* ist umso einfacher, je intensiver Sie wirklich wünschen bzw. das Ziel herbeisehnen.
Reichtum und Macht als Selbstzweck sind Ziele, für die es echte Motivation/Emotionen nicht gibt. Sie können durch

mentale Zielgestaltung nicht erreicht werden; stattdessen sind sie aber regelmäßige Begleiterscheinungen wahrhafter menschlicher Zielverwirklichung.
- Mit Glaubenskraft bzw. beim Gelingen der Technik der *Zielimagination* ist jedes (echte) menschliche Ziel erreichbar.

Glaube ist aber eine Gnade und kann nun aber nicht beabsichtigt, willentlich eingesetzt werden. Trotzdem: Selbst der Glaube an eine Sache oder an sich selbst kann – analog der liebevollen Pflege einer schwer haltbaren Pflanze – durch Beschäftigung mit der Sache, Zuwendung, Hingabe und im Rahmen des allgemein menschlichen Reifungsprozesses langsam gefördert und gewonnen werden.

Die Erfolgs-Formel E = A × IW

Das Beispiel

- Herr B. bekommt von der Tante K. jährlich zum Geburtstag etwas Selbst-Gehäkeltes oder Selbst-Gestricktes. Den kurzen Dankes-Brief, bestehend aus 5 Zeilen, schiebt er wochenlang vor sich her; dann schließlich zwingt er sich zur Erledigung. Das kostet ihn unendlich viel Kraft: Jedes Wort ist eine Qual. Nach getaner Arbeit ist Herr B. total erschöpft wie nach schwerster körperlicher Arbeit.
- Derselbe Herr B. ist verliebt in Fräulein F., die leider in einer anderen Stadt wohnt und arbeitet. So können sich die beiden nur ab und zu treffen. Herr B. hat den unwiderstehlichen Drang, fast jeden Abend einen 4–8seitigen Liebesbrief zu schreiben. Sein Herz ist übervoll, und er kann kaum so schnell schreiben, um seine vielen Gefühle und Gedanken zu Papier zu bringen. Nach dem Verschließen des Briefumschlages fühlt sich Herr B. äußerst angeregt, die vorher noch verspürte Müdigkeit ist wie verflogen.

Das Beispiel, das jedem in irgendeiner Variante aus eigener Erfahrung geläufig ist, soll die *Relativität der Arbeitsleistung* deutlich machen: Für die gleiche Person sind 300 inhaltsreiche Briefe jährlich an einen Adressaten eine weniger mühsame Arbeit als ein einziger kurzer und inhaltsloser Brief pro Jahr an einen anderen Empfänger.

Kommentar

Obgleich geistige Tätigkeit (z. B. im Elektroenzephalogramm) und körperliche Arbeit (durch Muskelkraft aufgewandte Energie) mit zahlreichen naturwissenschaftlichen Methoden (z. B. Kalorien-Verbrauch) klar meßbar sind, ist eine **objektive** Wertung geistiger oder körperlicher Arbeit in leicht oder schwer dennoch **nicht** möglich. Die gleiche Arbeit geht dem einen spielend von der Hand, dem anderen fällt sie unendlich schwer. Entscheidend dafür sind psychische Faktoren, die nicht meßbar sind: Die *Gedanken* des Menschen über den Wert oder Sinn der Arbeit, seine Einstellung zur Arbeit; d. h. – positiv ausgedrückt – die innere *Motivation* oder – negativ ausgedrückt – die *innere Reibung*.

Es gelten folgende Gesetzmäßigkeiten:
$$E = A \times IW$$
$$E = \frac{A}{IM}$$

Dabei bedeuten:
A = Arbeit (geistige wie auch körperliche)
E = Ermüdung (Anstrengung, erforderlicher Kraftaufwand)
IM = Innerliche Motivation (Wahrnehmung eines Sinnes)
IW = Innerlicher Widerstand (Widerwillen, „Reibung")

M und W sind nicht nur rein formell bezüglich der Form der Buchstaben, sondern auch funktionell die entscheidenden gegensätzlichen mentalen Kräfte des Menschen. *M = Motivation* steht für positiv, lebensfördernd, kreativ, aufbauend. *W = Widerstand* steht für negativ, lebensfeindlich, negierend, destruktiv.

M = Motivation ist das Resultat einer intelligenten Nutzung der Gedanken-Freiheit des Menschen.

W = Widerstand bzw. innere Reibung ist das Resultat falscher Denkgewohnheiten mit dem zunehmenden Aufbau von inneren Hemmungen, Ängsten, pessimistischer Lebensbetrachtung.

Aus den Gleichungen ergibt sich:
– Die *objektiv schwerste Arbeit* fällt demjenigen „kinderleicht", der positiv motiviert ist.
Eine *objektiv kinderleichte Arbeit* ist dagegen für den äußerst schwer, der die Arbeit gegen seinen Willen tun muß bzw. gegen seine innere Überzeugung tut.
– Eine definierte Arbeitsleistung (1 Seite Brief schreiben,

50 kg 10 m weit tragen) *ist umso ermüdender, je größer der mentale Widerstand* ist.

Die gleiche Arbeit *ermüdet dagegen denjenigen bzw. dann so gut wie nicht,* wenn man die Arbeit aus einem großen inneren Antrieb heraus tut.

- Eine schwierige Arbeit *gelingt „spielend"* und fehlerfrei, wenn alle mentalen Kräfte auf ihre Verrichtung konzentriert sind.

Man hat dagegen *„2 linke Hände"* bei der Erledigung der einfachsten Arbeit, wenn sie einem sinnlos erscheint.

- Große innere Widerstände machen eine Tätigkeit (z. B. Lesen eines Buches) *zur Arbeit, zur Mühe, zur Anstrengung.*

Große innere Motivation macht eine Tätigkeit (z. B. Lesen des gleichen Buches) *zum Vergnügen, zum entspannenden Hobby, zur Erholungspause.*

Praktische Anwendung

- *Erfolg* ist bekanntlich in hohem Maße abhängig von der erbrachten Arbeit bzw. Leistung.

Daher ist derjenige automatisch *erfolgreich,* der sich – bewußt oder unbewußt – überwiegend solche Betätigungsfelder sucht, die ihm Freude machen. Oder: Derjenige wird erfolgreich sein, der die Technik beherrscht, die positiven Aspekte einer Tätigkeit zu erkennen bzw. zu fördern und die negativen Aspekte nicht überzubewerten.

Erfolglos ist dagegen ein Mensch, der immer negativ denkt, so daß ihm selbst Freizeitbeschäftigungen wie Spiel und Sport (aus dem der Erfolgreiche Freude und neue Energie bezieht) als mühsame Arbeit erscheinen.

- Menschen, die dauernd müde sind, sind in der Regel nicht diejenigen, die besonders viel arbeiten, sondern solche, die sich den unvertretbaren Luxus einer falschen, negativen pessimistischen Denkweise leisten.

Menschen mit „gekonnter" Denkweise erkennt man u. a. an der Eigenschaft, daß sie viel und erfolgreich arbeiten; aus den unvermeidbaren Erfolgserlebnissen resultiert nicht Müdigkeit, sondern neue positive Motivation.

Die zerstörerische Wirkung von *Mitleid*

Das Beispiel

Frau Z. ist zu bemitleiden:
Sie ist objektiv überbelastet (der Ehemann verstorben, 6 kleine Kinder zu versorgen, davon eins behindert etc.) und subjektiv erkrankt (der „Streß" hat zu schweren funktionellen Herzbeschwerden geführt). Die Krankheit mindert die Leistungsfähigkeit, die unerledigte Arbeit vergrößert die Probleme, die Sorgen verschlimmern die Krankheit, die Krankheit mindert die Leistungsfähigkeit etc. etc. – so ist ein unheilvoller „Circulus vitiosus" entstanden.

– Frau F. zeigt „Mitleid":
Sie hilft jeden Tag 2 Stunden im Haushalt mit, nimmt zeitweise das behinderte Kind in Obhut und packt generell an, wo sie kann.
Da sie mit praktischer Arbeit beschäftigt ist, hat sie nur wenig Zeit zum Reden. Wenn sie spricht, sind es aufmunternde Worte, die positive Perspektiven aufzeigen, Mut und Hoffnung machen.

*Frau F. **praktiziert** Mitleid!*
Die praktische Folge: Frau F. trägt tatsächlich das **„Leid" „mit"**, indem sie Frau Z. einen Teil der objektiven Belastung abnimmt. Damit entfällt eine wichtige Ursache ihrer Krankheit – eine psychische Kompensation wird möglich. Nun dreht sich der bisher unheilvolle Kreislauf um: Durch Nachlassen der Beschwerden wird Frau Z. immer leistungsfähiger und ist immer weniger auf Hilfe und Mitleid von Frau F. angewiesen. Die Erfolgserlebnisse verstärken ihre Motivation und Kraft. Sehr schnell ist sie ihrer Arbeit wieder voll gewachsen, und sie gewinnt aus deren Bewältigung so viel Befriedigung, daß sie alle Probleme schnell positiv verarbeitet hat. Damit ist zu-

gleich der funktionellen Herzerkrankung jede Grundlage entzogen.

– *Frau G. zeigt Mitleid:*
Sie sagt: Sie tun mir ja so **„leid"**! Ich kann ja so gut **„mit"**-empfinden. Ich verstehe Ihre Probleme voll und ganz, ich weiß, wie das ist ... (es folgt eine sehr lange und sehr genaue Schilderung aller negativen Aspekte der Lage von Frau Z). Frau G. entwirft ein Bild des ganzen Unglückes in einer Plastizität und Vielgestaltigkeit, wie es Frau Z. selbst noch gar nicht bewußt war.

Frau G. demonstriert Mitleid!
Die praktische Folge: Frau G. hilft nicht nur nicht, sondern behindert Frau Z. in jeder Hinsicht bei der möglichen Selbsthilfe. Sie hält Frau Z. von der Arbeit ab, so daß sich das Problem objektiv vergrößert. Viel schlimmer sind die subjektiven Folgen ihres Mitleids! Sie bauscht das Unglück mit ihrer Schilderung derart auf, daß Frau Z. jeden Mut verlieren muß. Und sie malt die Beschwerden der Herzkrankheit in so schillernden Farben, daß Frau Z. sich immer kränker und elender fühlen muß. Diese Art von Mitleid läßt Frau Z. wirklich keine Chance! Verstärkung der Herzbeschwerden und zunehmende Lähmung der Tatkraft bringen die Teufelsspirale zu immer schnelleren Drehungen nach unten.

Kommentar

Die inneren Gestaltungskräfte des Menschen realisieren gesetzmäßig dessen – positive wie negative – Vorstellungsbilder: Je emotioneller, detaillierter, farbiger und plastischer diese sind, umso wirksamer (schneller, machtvoller) erfolgt die körperliche Realisierung bzw. Reaktion (vielzitiertes Beispiel: Der Gedanke an ein Schnitzel löst Speichelfluß, d.h. Verdauung des nicht vorhandenen Schnitzels aus).
„Mitleid" im üblichen Sinn ist eine ganz besonders gefährliche Art der Suggestion von Vorstellungsbildern:
– Solches „Mitleid" ist eine *besonders* **heimtückische** *Suggestions-Art,* weil ihr wahrer Zweck und ihre Wirkung ganz besonders schwer zu erkennen sind: Hinter der scheinbar

mitfühlenden Anteilnahme verbirgt sich oft pure Heuchelei. Der Mitleidende badet sich oft genug lediglich im Unglück des anderen. Gerade negativ-denkende Menschen sind zu Mitleidsbekundungen immer bereit, weil sie auf diese Weise nur die Bestätigung für ihre pessimistische Denkweise suchen. Kleine Geister finden darin relative Größe, indem sie tatkräftig mithelfen, andere noch kleiner zu machen.
– Solches „Mitleid" ist eine *besonders effektive Suggestions-Art*, weil sie alle Kriterien einer optimalen Fremdhypnose erfüllt: Das Bild des Leidens wird sorgfältig bis ins kleinste ausgemalt und mit Emotionen gründlichst angeheizt.
Nach den Gesprächen mit mitleidsvollen Nachbarn weiß und fühlt man erst so richtig, wie groß das Problem und wie ausweglos die Lage wirklich ist und welche schlimmen Folgen zu erwarten sind.
Mitleidsbekundungen dieser Art entsprechen höchst gekonnten psychotherapeutischen Sitzungen – jedoch mit negativem Vorzeichen: Es wird nach und nach ein perfektes Vorstellungsbild von Unglück oder Leiden entworfen und fest installiert; dieses dient den Gestaltungskräften des Unterbewußtseins unweigerlich als Zielobjekt und wird langsam aber sicher realisiert.

Praktische Anwendung

– Wollen Sie jemandem schaden, so gibt es kein besseres Mittel als dieses: Suchen Sie einen geringfügigen Anlaß für *Mitleid,* bauschen Sie das kleine Problem langatmig und voller Mitgefühl zu dem Unglück auf, das Sie Ihrem Gegenüber an den Hals wünschen. Wenn Sie wirklich sorgfältig und gründlich ans Werk gegangen sind, wird es nicht lange dauern, bis das von Ihnen entworfene Bild Wirklichkeit geworden ist. Sie brauchen keine Angst vor Entdeckung Ihrer Absicht haben: Das Unterbewußtsein hat seinen Namen, weil es eben unbewußt (dafür aber pausenlos und besonders effektiv) tätig ist. Je schlechter es Ihrem Feind nach und nach geht, umso empfänglicher wird es für weitere lähmende und zerstörerische Unheilssuggestionen sein.

– Empfinden Sie für einen leidenden Mitmenschen echte *Sympathie*, so vermeiden Sie jedes verbale Mitleid und jeden Ausdruck von Leid-bezogenen Gefühlen. Wollen Sie Ihr Mitgefühl zeigen, so ist das in Form von tatkräftiger Hilfe immer möglich. Aber Vorsicht: Manche Art von Hilfe ist wieder eine negative Suggestion, etwa von dem Typ „laß mal, du kannst das alleine doch nicht!". Ihre Hilfe muß positiv motivieren: „Sieh mal, so einfach geht das, beim nächsten mal kannst du es spielend selbst." Oder „Wir machen es zusammen; es beeindruckt mich sehr, wie du trotz allem tatkräftig zupackst, so schaffst du es ganz bestimmt ...". Hilfreiches Mitleid ignoriert thematisch gerade das bestehende Leid und faßt stattdessen ausschließlich das anzustrebende positive Gegenstück ins Auge.

Die 4 Arten des Denkens

Das Beispiel

„Situation
Es ist 11 Uhr abends.
Der Mann ist bisher nicht von
der Arbeit zurück. Seine Frau
ist schon ins Bett gegangen,
liegt aber noch wach.

Gefühlsreaktionen
Ehefrau A: wütend
Ehefrau B: traurig
Ehefrau C: nervös
Ehefrau D: zufrieden
Ehefrau E: ängstlich

Wie es zu diesen unterschiedlichen Gefühlen in der gleichen Situation kommt, erkennt man, wenn man das Selbstgespräch der Ehefrauen untersucht: Das, was sie in dieser Situation *denken* oder zu sich selbst sagen.

- *Ehefrau A sagt sich* vielleicht: „Dieser unzuverlässige Kerl! Denkt wahrscheinlich gar nicht darüber nach, daß ich hier rumsitze, während er Spaß mit irgendwelchen Kollegen hat. Dem gebe ich es morgen aber."
- *Ehefrau B denkt:* „Er läßt mich immer häufiger allein. Er scheint kein Interesse mehr an mir zu haben. Ich hab' den Eindruck, daß unsere Ehe in Gefahr ist. Was kann ich nur tun, um sie zu retten?"
- *Ehefrau C sagt:* „Wo kann er bloß sein? Bestimmt ist ein Unglück passiert, daß er sich nicht meldet. Auch das noch, wo ich doch sowieso schon so viele Sorgen habe."
- *Ehefrau D denkt* etwa: „Wie angenehm das war, mal wieder allein zu sein und ganz in Ruhe ein Buch zu lesen. Mal sehen, was Karl heute abend gemacht hat. Wahrscheinlich hat er auch Spaß gehabt, daß er immer noch nicht zu Hause ist."
- *Ehefrau E denkt:* „Meine Güte, jetzt ist es schon spät. Wahrscheinlich hat er wieder mit Kollegen einen Kneipenbummel gemacht. Bestimmt hat er zuviel getrunken. Männer sind brutal, wenn sie betrunken sind."

Kommentar

„Aus den Selbstgesprächen wird deutlich, daß die Gefühle der Ehefrauen nicht durch die Situation selbst bestimmt werden." Auch beim einzelnen Menschen kann – je nach genereller oder momentaner Einstellung – ein und dasselbe Ereignis zu völlig unterschiedlichen Gedanken führen.

– Nun ist es schon nicht gleichgültig, ob man – in dieser Einzelsituation für einige Stunden, oder bei konstantem Denkmuster den größten Teil seines Lebens – einerseits zufrieden oder andrerseits mißgestimmt („wütend, traurig" ... etc.) ist.

– Noch wesentlicher aber ist die Tatsache, daß jede Denkweise gesetzmäßig typische körperliche Folgen nach sich zieht und somit für Gesundheit oder Krankheit verantwortlich ist:

a) Sympathikotone Fehlsteuerung (Ehefrau A)
Wut oder **Ärger** führen zur Einschaltung des Sympathikus zum Zweck der Auseinandersetzung bzw. des Kampfes:
Diese Reaktion erfaßt letztendlich alle Bereiche des Körpers; primär sind verstärkte Herzfunktion, Blutdruckanstieg, Freisetzung von Blutfetten, Verengung der Blutgefäße, Förderung der Blutgerinnung und Schwächung der Abwehrkräfte.
Kurzfristige Reaktionen dieser Art sind normal und sinnvoll. Dauernde Reaktionen durch falsche Denkgewohnheiten ohne Abreaktion in der Auseinandersetzung führen unweigerlich zunächst zu funktionellen Störungen (Herzstiche, Kopfschmerzen), schließlich zu organischen Störungen (bes. Herzinfarkt) evtl. mit Todesfolge.

b) Vagotone Fehlsteuerung (Ehefrau E)
Schreck oder **Angst** führen zur Einschaltung des Vagus zum Zweck einer „Schrecksekunde", des bewegungslosen Verharrens, der Kraftsammlung: Die körperlichen Reaktionen, die auch letztendlich jede Körperzelle betreffen, sind genau umgekehrt: Blutdruckabfall mit Ohnmachtsneigung, Magenkrämpfe, vermehrte Darmperistaltik und Sekretionszunahme, Bronchienverengung etc. ...
Kurzfristige Reaktionen dieser Art sind gleichfalls normal bzw. biologisch nützlich. Dauernde Reaktionen durch falsche

Denkgewohnheiten führen aber unweigerlich zu funktionellen Störungen (Schwindel, kalte Hände, Übelkeit, Harndrang, Erröten, Weindrang etc.), schließlich zu organischen Störungen (bes. Magengeschwür) evtl. mit Todesfolge (Magendurchbruch, Magenblutung).

c) *Gemischte vegetative Fehlsteuerungen (Ehefrau B, C)*
So wie es Mischformen zwischen rein aggressiven und rein zurückschreckenden Emotionen gibt, treten in der Praxis häufig Mischformen zwischen vagotonen und sympathikotonen Fehlsteuerungen auf. Allen ist die Tatsache gemeinsam: Negatives Denken, d.h.: gewohnheitsmäßig oder häufig auftretende und langanhaltende negativ-getönte Emotionen (Angst, Sorgen, Grübeleien) sind Kräfte mit körperlichen Folgen. Falsches Denken macht krank!

d) *Vegetative Balance (Ehefrau D)*
Ehefrau D denkt gewohnheitsmäßig positiv. Das heißt: Sie sucht in jeder Situation des Lebens nicht primär die „negative Seite der Medaille" und nimmt nicht grundlos immer die schlechteste aller Möglichkeiten an. Emotionen wie Angst, Schreck, Ärger werden von ihr – ihrer natürlichen Funktion gemäß – sofort zur Beseitigung des anstehenden Problems „verbraucht". Sympathikotone und vagotone Reaktionen sind daher immer kurzfristiger Natur und pendeln sich bald wieder in der normalen Mittellage ein. So hinterlassen die Emotionen keine überschüssige Energie, die Organstörungen verursachen könnten. Ehefrau D ist nicht nur glücklich und zufrieden, sondern außerdem absolut gesund.

Praktische Anwendung

„Nach Meinung von Ellis ist das ‚innere Selbstgespräch' entscheidend bei der Entstehung psychischer Probleme und damit indirekt auch psychosomatischer Störungen. Nicht bestimmte Ereignisse sind das Belastende, sondern die Art, wie wir damit umgehen, wie wir sie erleben und bewerten; nicht die Ereignisse selbst führen zu negativen Gefühlen, sondern die Selbstgespräche, in denen wir sie verarbeiten. Die Selbstgespräche sind häufig irrational: Die Vergangenheit oder gegenwärtige Probleme werden einseitig wahrgenommen, es werden voreilige Schlußfolgerungen gezogen; man regt sich auf über Dinge, die nicht zu ändern sind ..." (Ellis, A.: Die rational-emotive Therapie. Das innere Selbstgespräch bei seelischen Problemen und seine Veränderung. München: Pfeiffer 1977) Glück und Gesundheit sind – wie das Beispiel deutlich macht – nicht Zufall oder Schicksal, sondern gesetzmäßige Folgen richtigen/positiven Denkens. Anders ausgedrückt: „Jeder Mensch ist seines Glückes Schmied!" Denn jeder Mensch kann seine Denkinhalte selbst bestimmen. Negative Denkgewohnheiten können durch positive ersetzt werden. Positives Denken ist das wirksamste aller Heilmittel.

Literatur
D. Juli, M. Engelbrecht-Greve: Streßverhalten ändern lernen. Rororo/Rowohlt Nr. 7193 (1980).

Der Backster-Effekt

Das Experiment

Der „Backster-Effekt" hat seinen Namen von einem international anerkannten, amerikanischen Experten für Lügendetektoren, der Anfang der 60er Jahre Versuche mit Pflanzen anstellte:
„Backster schloß in seinem Büro eine Zimmerpflanze, den Drachenbaum, an einen Polygraphen an, um festzustellen, wie er auf das Entflammen seiner Blätter reagieren würde. Zu seinem Erstaunen zeigte der Polygraph jedoch einen starken Ausschlag schon in dem Augenblick, als Backster lediglich den Entschluß faßte, das Blatt anzusengen.
Hunderte von später angestellten Versuchen haben ergeben, daß Pflanzen nicht nur auf sie betreffende willentliche Akte reagieren, sondern sie auch speichern, und daß sie mit den Bezugspersonen auf eine Entfernung von Tausenden von Kilometern in Verbindung bleiben. Pflanzen haben also nachweisbar ein Erkenntnisvermögen und eine Art Speicher-Gedächtnis, so daß sie in der Lage sind, beispielsweise Personen, die ihnen Gutes oder Böses zugefügt haben, wiederzuerkennen."

Kommentar

Um sich den Backster-Effekt erklären zu können, müßte man daran glauben, daß Pflanzen Lebewesen mit einer „Empfangsantenne" für Gedanken sind und daß jeder Gedanke des Menschen „Radiowellen-artig" ausgesendet wird.
Das würde bedeuten, daß wir auch unsere Mitmenschen durch positive oder negative Gedanken positiv oder negativ beeinflussen, selbst dann, wenn wir unsere Gedanken „verheimlichen", also z. B. wenig wohlwollende Gefühle hinter einem freundlichen Lächeln verbergen.

Ob dies so ist, also ob sich Gedanken auch außerhalb des Körpers des Menschen auswirken, soll hier dahingestellt bleiben. *Unzweifelhaft ist aber die Macht unserer Gedanken auf bzw. in uns selbst:*
Bei jedem Gedanken mit aggressivem Inhalt wird der Atem schneller und tiefer, Herz- und Kreislaufleistung sowie die Muskelspannung nehmen zu, die Pupillen und Lidspalten erweitern sich, alle sekretorischen und motorischen Funktionen des gesamten Verdauungstraktes lassen nach, die Nebennieren und die Schilddrüse schütten mehr Hormone aus, der Blutzucker steigt an, die Nierenfunktion wird reduziert etc. etc. (= sympathikotone Reaktion).
Jeder Gedanke des Erschreckens bzw. der Angst führt zu gegenteiligen Reaktionen unterschiedlichen Ausmaßes in praktisch jedem Bereich unseres Körpers (= vagotone Reaktion). Dabei spielt es keine Rolle, ob irgendein realer Grund für die Angst, also eine Bedrohung, vorhanden ist oder lediglich Gedanken, Vorstellungen oder der Glaube daran. Während die kurzfristige Reaktion des Körpers auf Angst und Schreck bei reellen Gefahren durchaus sinnvoll und positiv ist, führt eine andauernde ängstliche Grundhaltung zu funktionellen und schließlich organischen Erkrankungen. Besonders starke Angstreaktionen können – langfristig oder plötzlich – den Tod verursachen.
Auch wenn wir nicht an die wellenartige Ausbreitung unserer Gedanken außerhalb unseres Körpers glauben: *Mit Sicherheit beeinflussen diese auch unser Gegenüber* und zwar durch den bewußt oder unbewußt eingesetzten suggestiven Effekt unserer Worte einerseits, unserer Mimik, Gesten, Handlungen andrerseits.

Praktische Anwendung

Die meisten Menschen sind aufgrund ihrer Erfahrungen mit dem scheinbar zufälligen Kommen und Gehen von Gedanken und Stimmungen der Ansicht, daß Gedanken nicht oder kaum steuerbar sind. Ohne jeden Widerstand sind sie tatsächlich Spielball fremder Suggestionen. Ihre Launen und Entschlüsse sind das Resultat von Gedanken, Emotionen, Wünschen, Absichten, die von außen an sie herangetragen werden. Sie werden von jedem kleinen Mißgeschick deprimiert und von eigenen Zielen abgelenkt und somit wie eine leere Flasche auf den Meereswogen vom Auf und Ab des Lebens hin- und hergeworfen.

Das entspricht aber nicht den Konstruktionsplänen des Menschen: *Die Denk- und Vorstellungskraft, die für unsere Emotionen, Zielstrebigkeit und Gesundheit entscheidend ist, ist eindeutig lenkbar!*

- Es ist mit einiger Übung durchaus möglich, „unsere Gedanken und Vorstellungen so zu lenken, zu regeln, zu kontrollieren wie der Polizist den Verkehr an einer Straßenkreuzung.
- Wir sind genauso in der Lage, den Gegenstand unseres Denkens zu wechseln, wie wir willkürlich von einem Gesprächsthema auf ein anderes übergehen können.
- Unsere Gedanken sind wie Gäste in unserem Haus. Prüfen Sie, wen Sie bei sich ein- und ausgehen lassen!" (Rauch)

Literatur
Friedrich Kroeger: Das Sonnezeitalter. In: New Age-Zeugnisse der Zeitenwende. Hrsg. Gert Geisler. Esotera Taschenbücherei. H. Bauer Verlag, Freiburg, 1984.

Realistischer und unrealistischer Optimismus

Der Fall:

- Herbert *A.*, Soldat, unternimmt seinen ersten Fallschirmsprung. Der Schirm öffnet sich nicht.
  Er denkt: „Mein Leben lang war ich ein Pechvogel; es mußte ja so kommen, daß ich bei diesem Sprung mein Leben lasse ..."
- Roland *B.* stürzt bei Reparaturarbeiten an einer großen Brücke ab; Stürze aus dieser Höhe waren bisher in 98% der Fälle tödlich.
  Er denkt: „Die Chancen stehen zwar schlecht, aber ich werde so günstig ins Wasser eintauchen wie nur möglich..."
- Detlef *C.* stürzt durch vermeidbare Unachtsamkeit aus einem Fenster im 32. Stockwerk eines Hochhauses.
  Er denkt – bei jedem Stockwerk: „Bis jetzt ist ja alles gut gegangen ..."

Kommentar

- Herbert A. ist ein „geborener" ***Pessimist.*** Anstatt von vorneherein „die Flinte ins Korn zu werfen" und mit seinem Schicksal zu hadern, könnte er auch – positiv denkend – die Zeit nutzen, um das Beste aus seiner Situation zu machen. Das wäre: Abklärung der vielleicht behebbaren Störung, manuelle Öffnung des Fallschirmes und schließlich unbeschadete Landung. Stattdessen verläuft seine Landung ohne jeden solcher Versuche tödlich.
- Detlef C. ist dagegen der „ewige", „unverbesserliche" ***Optimist.*** Noch 2 m vor dem tödlichen Aufprall denkt er: bis jetzt ...(s. o.). Sein Optimismus ist ***unrealistisch,*** damit ebenfalls unproduktiv bzw. sogar „anti-produktiv". Solche Typen sind – in optimistischer Verkennung der Tatsachen – leichtsinnig, ma-

chen Schulden, werden zu Hochstaplern und ggfs. straffällig, bis sie schließlich an der Realität endgültig scheitern.
– Roland B. ist dagegen ein *realistischer Optimist.* Seine optimistischen Gedanken kreisen immer und überall positiv-optimistisch darum, wie aus der jeweiligen Situation – bei objektiver Einschätzung – das Beste zu machen ist. So schafft er es, in optimalem Winkel auf die Wasserfläche zu treffen, mit minimalem Widerstand einzutauchen und so unbeschadet, wie in der Situation überhaupt nur möglich, davonzukommen.

Es ist also in der Regel keinesfalls Schicksal oder „angeboren", ob man ein „Glückspilz" oder ein „Pechvogel" ist. Es hängt lediglich von der *Denkweise* des Menschen ab, ob man zu der einen oder anderen Gruppe gehört. Auch längerfristig gesehen gilt: Hat man häufig sogenanntes „Pech", so hat man lediglich in der fernen oder jüngeren Vergangenheit etwas falsch gemacht. Jeder ist für sein Glück oder Pech selbst verantwortlich. Die *Gesetzmäßigkeit* lautet:
Richtig (positiv) denken: richtig machen = „Glückspilz" sein.
Falsch (negativ) denken: falsch machen = „Pechvogel" sein.

Jede kleinere oder große Tat eines Menschen muß vor ihrer Realisierung gedanklich „erschaffen" werden. Das Unterbewußtsein mit seinen meist weit unterschätzten Möglichkeiten arbeitet gesetzmäßig und unablässig an der Realisierung unserer Gedanken, bildhaften Vorstellungen und besonders unserer Überzeugungen! Daher kann es keinen Zweifel geben, daß es für uns sehr viel besser ist, nicht pessimistisch, sondern bewußt und konsequent optimistisch zu denken. Allerdings: Dies trifft nur für einen realistischen und nicht für einen träumerischen Optimismus zu. Das heißt: Tagträume, mit dem Inhalt „ich bin Superman", sind wirklichkeitsfremd und bedeuten eine fruchtlose Flucht vor dem realen Leben. Dagegen ist das dauernde spielerische, auch träumerische Kreisenlassen der Gedanken um echte, ernsthaft angestrebte Ziele die beste Voraussetzung dafür, diese Ziele tatsächlich zu erreichen. Wer felsenfest daran glaubt, reich, gesund, beliebt etc. zu werden, dessen Glauben wird tatsächlich Berge versetzen, weil er das

Abweichen von einer optimalen Verhaltensweise unmöglich macht. Fester Glaube bzw. unerschütterliche Überzeugung sind die stärksten denkbaren Motoren für das Unterbewußtsein; wenn die Ziele überhaupt realisierbar sind, werden sie unter solchen Voraussetzungen sicher erreicht.

Praktische Anwendung

Trainieren Sie täglich aufs Neue, ein optimistischer Realist bzw. realistischer Optimist zu sein.
Tilgen Sie die Worte „Glück" und „Pech" aus Ihrem Wortschatz!
Denken Sie immer daran:
Eine pessimistische Denkweise hat „todsicher" negative Folgen. Und unrealistische Tagträume bedeuten Verschwendung der Zeit, die man zur Schaffung und „Einprogrammierung" realistischer, zielgerichteter Gedankenbilder nutzen könnte.
Sagen Sie sich bei unglücklichen Ereignissen:
- Ich habe offensichtlich in der Vergangenheit etwas falsch gemacht.
- Ich bin relativ froh, denn es hätte mich noch schlimmer treffen können.
- Dies ist ein Schicksalsschlag, der mir die Möglichkeit gibt, mich geistig weiterzuentwickeln.
  „Was mich nicht umwirft, macht mich stark."

Glück (und Pech) – ein Zufall?

Der Aphorismus

– Wenn *Napoleon* Offiziersbewerber auswählte, fragte er primär nicht nach Herkunft und Ausbildung oder nach Tüchtigkeit, Klugheit, Fleiß. Er hielt statt dessen immer nur eine bestimmte Frage für besonders wichtig:
„Hat er *Glück?*"
– Ein Genie wie *Goethe* wußte: „Wie sich Verdienst und *Glück* verketten, das fällt dem Toren niemals ein."

Kommentar

Napoleon wußte (***unter*bewußt** oder ***be*wußt**), daß Glück oder Pech nie Zufall sind, sondern die logische und gesetzmäßig eintretende Folge richtigen oder falschen Verhaltens:
***Richtiges Denken** führt zu richtigem Handeln, und wer alles richtig macht, hat unweigerlich auch Erfolg.*
Nur dem Betrachter, der die dem Erfolg zugrundeliegenden mentalen Gesetzmäßigkeiten nicht kennt, erscheint der Erfolg als zufälliges „Glück" und der Mißerfolg als schicksalhaftes „Pech".
Richtiges, das ist konstruktives, zielgerichtetes, eigenverantwortliches und immer positives Denken umfaßt mehr als Intelligenz, Fleiß, Bemühen etc. zusammen, es ist der übergeordnete Begriff für alle solche positiven Eigenschaften.
Napoleon hätte auch fragen können: „Denkt er positiv?" oder „denkt er richtig?"; diese Formulierung wäre im Prinzip identisch gewesen. Da es natürlich leichter zu beurteilen und zu überprüfen ist, ob ein Mensch Erfolge bzw. „Glück" hat, fragte Napoleon klugerweise nicht nach der Ursache, sondern nach der Wirkung.
Dasselbe sagt das Goethe-Zitat aus: Glück ist nicht ein Ge-

schenk des Schicksals oder Zufall, sondern gesetzmäßige Folge richtigen Denkens und Handelns, also ein „Verdienst". Wer diese leicht zu erkennende Gesetzmäßigkeit nicht zu seinem Vorteil nutzt, ist wahrhaft ein „Tor".

Praktische Anwendung

– Bei Einstellungsgesprächen und in Personalabteilungen werden oft unendlich viele Fragen gestellt oder stundenlange psychologische Tests durchgeführt. Sicher kann man dabei die speziellen Neigungen und Begabungen eines Menschen ausloten; will man aber die letztendlich entscheidende Feststellung treffen, wie erfolgreich (durch Willensanstrengung, gegen innere Gesetze und mit innerlichem Unglück erkaufte Erfolge sind hier nicht gemeint) ein Mensch ist oder sein wird (anders ausgedrückt: ob er mit oder gegen die unumstößlichen Naturgesetze handelt), dann gibt es keine bessere Frage als die: Sind Sie ein „Glückspilz" oder haben Sie öfters Pech?
Ein „Glückspilz" denkt gewohnheitsmäßig (in Kenntnis der mentalen Gesetze oder instinktiv bzw. in Folge einer geglückten Erziehung) immer positiv und hat daher in allen Bereichen seines Lebens, beruflich wie privat (beides ist nicht voneinander zu trennen) immer „Glück"; er ist auch immer „glücklich", was letztendlich ein anderer Ausdruck für „positives Denken" ist – womit sich der Kreis schließt.
– Jeder Mensch kann und sollte – immer wieder – sich selbst einer Prüfung oder Beurteilung unterziehen, ob er richtig oder falsch „gepolt" ist. Haben Sie viele Sorgen oder Ängste, sind Sie Pessimist, und grübeln Sie viel, verzeichnen Sie oft Mißerfolge und haben Sie „viel Pech", so sind Sie selbst daran schuld und – nach Goethe – einfach ein Tor! Denn „wer Unglück erwartet, der »bittet« darum und wird es auch zweifellos erhalten" (Mulford).

Angst als reale Kraft

Der Aphorismus

„Es gibt mehr Opfer der Angst in der Welt, als je eine Seuche an Menschenopfern für sich verlangte" (Bo Yin Ra).

„Das größte Hindernis in unserem Leben ist die Angst. Angst lähmt die organischen Funktionen."
„Das Angstgebilde um eine Krankheit macht neun Zehntel aus und die effektive Krankheit nur ein Zehntel" (Coué).

„Gedanken, an die wir so fest glauben wie an Angst, drängen mit ungebrochener Kraft nach ihrer Verwirklichung."
„Mit Recht schreibt K. O. Schmidt, daß nicht Krebs und andere Leiden die Geißel der Menschheit darstellen, sondern die Angst, die allen Leiden zugrunde liegt" (E. Rauch).

„Denn was ich fürchte, das kommt über mich, wovor ich schaudere, das trifft mich" (Hiob 3,25).

„Wer Unglück erwartet [= fürchtet], der „bittet" darum und wird es auch zweifellos erhalten" (Prentice Mulford).

„Wenn wir den Menschen die Angst und die Furcht nehmen könnten, so könnten wir sie zu halben Göttern machen" (Schiller).

Kommentar

Jeder Aktion des Menschen müssen entsprechende Gedanken vorausgehen. Gedanken sind *die* Kräfte der Initiierung und Steuerung bei allen menschlichen Aktionen.
Auch negative Gedanken besitzen die gleiche Realisierungskraft: Pessimismus (a), Sorgen (b), Grübeleien (c), Ängste (d), Unheilsvisionen (e) und die Überzeugung (f), daß etwas Nega-

tives eintreten wird, sind die Kräfte, die Fortschritt behindern oder wieder zunichte machen.

Negative Gedanken sind um so wirksamer, je mehr seelische Energie, Gefühlskraft, bildliche Plastizität und Farbe ihnen innewohnt: die aufgezählten Kräfte a–f sind nach diesem Kriterium ihrer Durchschlagskraft geordnet.

Mit Zuversicht oder Vertrauen (das positive Gegenstück zur Angst) sind wir – nach Schiller – „halbe Götter".

Mit Überzeugung oder Glauben (das positive Gegenstück der Kräfte e und f können wir „Berge versetzen", hätten also – um bei dem Schiller-Zitat anzuknüpfen – gottähnliche Fähigkeiten.

Die gedanklichen Kräfte treffen aber auch besonders unseren Körper, wie aus den meisten der Zitate mit hervorgeht: Sie sind wesentliche Ursachen von Krankheit oder Gesundheit/ Gesundung. In Abwandlung des Satzes Mulfords gilt: Wer Krankheit erwartet, der „bittet" darum und wird sie auch zweifellos erhalten. Angst ist heutzutage so verbreitet, daß sie zu 90% an allen Krankheiten beteiligt ist (Coué) und in unserer Welt mehr Opfer fordert als je eine Seuche (Bo Yin Ra).

Praktische Anwendung

Man nehme das positive Gegenstück des Begriffes Angst, also die Begriffe „positives Denken, Wunsch, Hoffnung, Vertrauen, Zuversicht, Glauben" und setze sie in die Zitate ein. Dann ergeben sich die „Zauberformeln" für ein glückliches, erfolgreiches Leben, für Gesundheit oder Gesundung.

Wer z. B. Gesundung erwartet (Mulford), bei dem löst sich die Lähmung der Organe (Coué), die positiven Gedankenbilder drängen mit ungebrochener Kraft nach ihrer Verwirklichung (Rauch) und Gesundheit kommt schließlich über einen oder trifft ein (Hiob).

Sorgen – eine ansteckende, aber heilbare Krankheit

Das Beispiel

„Die Mediziner versuchen, uns immun zu machen gegen gewisse Krankheiten, indem sie uns ein Serum einspritzen. Wenn Menschen ohne Glauben und Vertrauen im Leben stehen, dann muß ein *Glaubensserum* ganz tief in ihr Bewußtsein eingespritzt werden, das sie *immun* macht gegen unbegründete Angst und Sorge.
Behalte im Sinn, daß positiver, geistiger Glaube ebenso wie das Negative *ansteckend* sind."

Kommentar

Unbegründete Angst und Sorgen (s. o.) sind
1. die bedeutungsvolle und folgenreichste **seelische Krankheit** unserer Zeit;
2. eine der wichtigsten, vielleicht die wichtigste **Ursache körperlicher Krankheiten**;
3. mit einer **ansteckenden Infektionskrankheit** – wie im o. g. Beispiel angedeutet – gut vergleichbar:

Die Infektiosität negativer Gedanken
a) Ist ein Virus in den Körper gedrungen, vermehrt er sich und breitet sich im Körper aus. – Ebenso neigen negative Gedanken dazu, sich unbegrenzt auszubreiten, hat man ihnen erst mal erlaubt, Fuß zu fassen. Denn viele Menschen tendieren zu stundenlangem Grübeln über kleine Mißgeschicke und buntestes Ausmalen möglicher Folgen; dadurch nehmen kleinste Probleme riesige, völlig unrealistische Dimensionen an.
Eine solche „mentale Infektion" ist aber in höchstem Maße schädlich:
– Die unrealistische und emotionelle Behandlung des Pro-

blems macht jede reelle Einschätzung und damit eine Lösung unmöglich.
- Psyche und Körper reagieren einheitlich: Negative Emotionen, die nicht naturgemäß im Kampf zur Abwehr der auslösenden Ursache verbraucht, sondern im Inneren „hochgepäppelt" werden, müssen im Körper umgesetzt werden: Es entstehen funktionelle und schließlich fixierte Störungen an vorgeschädigten Organen.

b) Ist ein Mensch an einem Virus erkrankt, besteht die Gefahr, andere anzustecken. – Negativ denkende Menschen wirken nicht weniger infektiös: Durch Mienenspiel, Gestik, Haltung verbreiten sie eine niederdrückende, pessimistische Atmosphäre. Im Gespräch sind sie kompromißlos destruktiv und dulden kein positives Widerwort. Ihr bewußtes oder unbewußtes Ziel ist die Verbreitung ihrer negativen Betrachtungsweise; denn sie fühlen sich erst dann relativ besser, wenn ihre Umgebung sich noch schlechter fühlt. Durch „Übertragung" ihrer Ansichten suchen sie die Bestätigung zu erlangen, daß ihre Betrachtungsweise der Dinge tatsächlich die richtige ist.

c) Durch Multiplikation der Infektion entsteht schnell eine Epidemie. – „Bei großen Epidemien sind es nicht immer Krankheitserreger, die ein Massensterben zur Folge haben ... So beschrieb 1807 der englische Forscher Goldie eine Epidemie auf den Sandwich-Inseln, bei der ‚große Volksmengen' einer Seuche, die man ‚Okuu' nannte, erlagen, ohne daß sich organische Veränderungen feststellen ließen" (W. Böckmann). Ursache war eine Massenpsychose: Der festen Überzeugung, unausweichlich sterben zu müssen, folgt unweigerlich die körperliche Realisierung, da Gedanken, mentale Bilder und besonders der Glaube – im positiven wie im negativen Sinn – die Steuerorgane des Körpers sind.

Auch heute findet man solche Epidemien größten Ausmaßes: Unsere Medien verbreiten unablässig (ob berechtigt oder unberechtigt, steht hier nicht zur Diskussion) ganz überwiegend negative Nachrichten, deren suggestiver Effekt nicht folgenlos bleiben kann. Während einige „resistente" Personen eine kontinuierliche positive Weiterentwicklung unseres Planeten und seiner Bewohner zu erkennen glauben, macht sich überwiegend eine deprimierende Weltuntergangsstimmung (Atomkrieg, Umweltschäden, Rauschgift etc.) breit.

Praktische Anwendung

Immunisierung gegen negative Gedanken:
Zur Therapie gegen die weltweite und immer bedrohlicher werdende Epidemie negativer Gedanken wird in o. g. Zitat folgerichtig ein „Glaubensserum" (über die unglaubliche Wirkung des Glaubens: siehe oben) gegen unproduktive, schädliche „unbegründete Angst und Sorgen" gefordert.
Tatsächlich werden aber heute noch ganz überwiegend körperliche Krankheiten so bekämpft, als wüßte man nichts davon, daß diese meistens nichts anderes als die Folgen negativer Denkgewohnheiten sind.
Mentale Immunisierungsmethoden wie Techniken der Selbstmodifikation und Programme zur Veränderung des Erlebens („Änderung der Selbstgespräche, Neuprogrammierung des Denkens, Gedankenstop, Angst-Desensibilisierung, Vorsatzformeln, Positive Hier- und Jetzt-Haltung, sowie Phantasieübungen" Juli u. Engelbrecht-Greve) u. a. m. existieren zwar, aber ihr Bekanntheitsgrad unter Patienten und Ärzten sowie ihre Anwendungshäufigkeit steht in keiner Relation zu der Infektionsrate und der Bedeutung der dringendst therapiebedürftigen Seuche.
Mentale Immunisierungsmaßnahmen sind als Eigenbehandlung praktisch kostenfrei. Da sie eine Vielzahl funktioneller und organischer Erkrankungen verhindern könnten (z. B. Magengeschwüre und der Herzinfarkt sind überwiegend, z. B. Infektionen und Krebs sehr wahrscheinlich partiell psychosomatische Erkrankungen), würden Milliardenausgaben der konventionellen Organ-Medizin eingespart werden.

Literatur
Ernest Holmes/William Hornaday: Das hilft mir heute. (Wie man Gewißheit finden kann durch den Gebrauch der inneren Kraft.) Bauer Verlag, Freiburg, 1979.

Ermüdungsfreies Arbeiten durch richtiges Denken

Das Zitat

„Viele Menschen glauben, sie arbeiten zu viel, weil sie sich durch die Arbeit elend und kraftlos fühlen. Das ist meistens ein Irrtum, denn die Nervenkraft wird weniger durch die Arbeit als vielmehr durch die vielen Reibungen verbraucht, die im Zusammenhang mit der Arbeit und durch eine *falsche Gedanken-* und *Lebensführung* auftreten. Wenn wir von rationeller und ökonomischer Arbeit sprechen, so ist gemeint, daß man mit einem Minimum an Kraft große Leistungen hervorbringen muß, und das heißt, Reibungen vermeiden, Reibungen ausschalten, Kurzschlüsse vermeiden und überall Kugellager einbauen, wo es nur geht. Das sind Erkenntnisse, die wir beachten müssen, wenn wir erfolgreich arbeiten wollen."

Kommentar

Die entscheidenden Worte in dem zitierten Text sind die „falschen Gedanken". Ob eine Arbeit leicht oder schwer, anregend oder ermüdend ist, hängt einzig und alleine davon ab, wie der Betreffende über die jeweilige Arbeit denkt. Anders ausgedrückt: Entscheidend ist die *Motivation!*
Für den einen Menschen bedeutet z.B. die Lektüre eines Buches Entspannung und Erholung; für den anderen ist jede Seite des gleichen Buches harte Arbeit.
Der eine betrachtet eine Arbeit als sinnvoll, das Arbeitsziel als Gewinn; ihm geht die Arbeit „locker von der Hand". Für einen anderen die gleiche Arbeit Zwang, er sieht weder ihren Sinn noch Zweck; bei 100facher Anstrengung erzielt er dennoch 100fach weniger Arbeitsleistung.
Körperliche Arbeit bzw. die aufgewandte Muskelkraft ist – im Gegensatz zur Gedankenarbeit – objektiv meßbar. Dennoch gilt hier das völlig gleiche Prinzip:

Der Kriegsgefangene, der einen Tunnel in die Freiheit gräbt, ist fast unmenschlich leistungsfähig bzw. unermüdlich; der lebenslängliche Strafgefangene, der mit dem Verlegen von Rohren seine Haftzeit verbringen muß, ist schon vor dem ersten Spatenstich lustlos und erschöpft. Der Grund: Der Kriegsgefangene sieht einen Sinn in seiner Arbeit, er hat ein Ziel, dem er entgegenfiebert; dem Strafgefangenen fehlt jede Motivation, er arbeitet für andere und gegen seinen Willen. Die Schwierigkeit der in beiden Fällen gleichen Arbeit, der Grad der durch sie verursachten Ermüdung hängt einzig und alleine von den Gedanken ab. Ebenfalls von den Gedanken hängt es ab, ob eine schwierige Arbeit „wie geschmiert", d.h. fehlerfrei, vonstatten geht oder ob man dabei „zwei linke Hände" hat.

Die im o.g. Zitat gebrauchte Formulierung „falsche Gedanken- *und Lebensführung*" bedarf also einer wertenden Erläuterung: Entscheidend sind – wie gesagt – ausschließlich die Gedanken! Völlig unwichtig ist dagegen die „Lebensführung", wenn man darunter die äußerliche Lebensweise versteht. Der Kriegsgefangene vollbringt seinen Tunnelbau, obwohl er – im Gegensatz zum Strafgefangenen – unterernährt und krank ist. Allerdings: Ein Mensch mit richtiger, positiver „Gedankenführung" hat ganz automatisch bzw. unvermeidbar eine richtige „Lebensführung", weil die körperlichen Gestaltungskräfte die inneren Gedankenbilder gesetzmäßig in die Realität umsetzen. Körperlich schädigendes Verhalten wie Alkoholabusus etc. findet man nie bei Menschen, die von kreativen Ideen und Zielen erfüllt sind. Stattdessen füllt Suchtverhalten jeder Art immer nur ein Motivations-Vakuum bzw. eine Sinn-Leere aus.

Praktische Anwendung

Der menschliche Körper kann als Organismus betrachtet werden, der nur sinnvoll bzw. erfolgreich einzusetzen ist, wenn er vorher durch unseren Geist ernährt wurde. Die inneren Gestaltungskräfte des Körpers arbeiten gesetzmäßig – andauernd und unbewußt – an der Realisierung unserer Gedankenbilder; Emotionen verstärken dabei die Realisierungskraft.

Entscheidend für jede Tätigkeit und bes. für das Gelingen einer schwierigen (komplizierten) oder schweren (Ausdauer erfordernden) Arbeit sind daher *nicht* Willensanspannung und körperlicher Einsatz.

Ganz im Gegenteil: Mobilisierung dieser Kräfte bedeutet Anstrengung und führt zur schnellen geistigen oder körperlichen Erschöpfung mit langen Erholungspausen und damit letztendlich zu geringerer Arbeitsleistung.

Anzustreben ist vielmehr eine möglichst mühelose und ermüdungsfreie Arbeit. Dies gelingt, wenn die Arbeit zuerst mental/gedanklich getan und erst dann von der Arbeitsmaschine Körper nur noch nachvollzogen wird.

Die gedankliche Vorarbeit gliedert sich in drei Aufgaben:

1. Schaffung einer positiven Einstellung zu der Arbeit:
Gezielte mentale Ausgestaltung der Argumente, die für die Durchführung der Arbeit sprechen; Entkräftigung von Vorurteilen gegen die Arbeit.

Suche nach dem Sinn; hat eine Arbeit keinen Sinn, so sollte sie auch nicht verrichtet werden.

2. Geistiges Durchspielen des gesamten Arbeitsablaufes mit Erwägung aller Schwierigkeiten und gedanklicher Beseitigung aller Hindernisse. Für solche mentalen Übungen ist die Zeit zwischen dem Zu-Bett-Gehen und dem Einschlafen besonders gut geeignet. Während des Schlafes bearbeitet dann das Unterbewußtsein, das auf ein enormes Reservoir an Informationen zurückgreifen kann, alle durchdachten Probleme.

3. Möglichst plastische, farbige und bildhafte Vorstellung des angestrebten Arbeitszieles, also der fertigen Arbeit. Je mehr Sie sich für das vor Ihrem geistigen Auge entstehende Werk begeistern können, umso machtvoller bringen Sie die inneren Realisierungskräfte in Gang, und umso wirkungsvoller schalten Sie hemmende Reibungen aus.

Literatur
Oscar Schellbach: Siebenmal Lebenskunst (Glücklicher Leben durch die Kraft des positiven Denkens, Hermann Bauer Verlag, Freiburg, 1980.